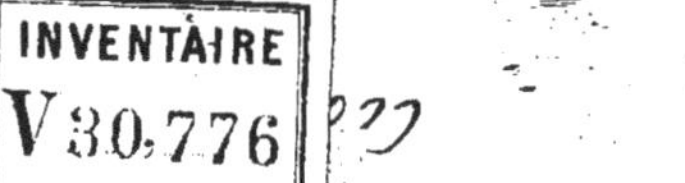

Compensateur de la déviation du compas

COMPENSATEUR

DE LA

DÉVIATION DU COMPAS

A BORD DES NAVIRES EN FER

PAR

A. ARSON

INGÉNIEUR CIVIL

ANCIEN ÉLÈVE DE L'ÉCOLE CENTRALE DES ARTS ET MANUFACTURES

CHEVALIER DE LA LÉGION D'HONNEUR

PARIS

IMPRIMERIE VIÉVILLE ET CAPIOMONT

6, RUE DES POITEVINS, 6

1871

INTRODUCTION

Exposé. — Le compas de marine est soumis, à bord, à des influences qui font dévier l'aiguille de la direction que lui imprimerait le magnétisme terrestre seul.

Ces influences perturbatrices proviennent de l'embarcation même dans laquelle est installé le précieux instrument. Elles ont d'abord été observées dans les navires en bois, où elles étaient dues aux corps arrimés, tels que les armes, les canons, les chaînes, les ancres. Elles apparurent avec plus d'intensité encore lorsqu'on introduisit dans les navires en bois les machines et les chaudières à vapeur. Elles prirent enfin l'importance considérable qu'elles ont aujourd'hui, lorsque la tôle de fer fut employée dans la construction des coques, et elle est telle que certains navires en fer seraient inutilisables, si on ne parvenait à corriger les déviations de leurs compas.

Le problème à résoudre a paru susceptible de deux solutions distinctes.

Première solution. — On peut se proposer de mettre le pilote en état de connaître, pour un navire donné, les déviations qui correspondent aux diverses situations de son aiguille constatées par l'observation directe; de sorte qu'à l'inspection de l'angle de l'aiguille avec l'axe du navire il puisse, soit à l'aide d'une formule, soit à l'aide d'une table numérique, soit encore au moyen d'une courbe remplaçant la formule ou la table, déterminer l'angle de déviation qu'il faut ajouter ou retrancher à l'angle observé, pour obtenir celui que l'axe du navire fait avec le méridien magnétique, et par suite, avec le méridien géographique.

Poisson a le premier, en 1838, recherché, par l'analyse mathématique, la loi des déviations que subit l'aiguille du compas en vertu de l'action directrice des masses de fer dont le navire est chargé et qui sont aimantées par l'action du globe. Cette aimantation, qui varie avec l'orientation du navire et qu'on appelle aujourd'hui le *magnétisme induit*, est la seule que notre illustre géomètre ait prise en considération dans sa théorie, qui, dans sa pensée, s'appliquait à des navires en bois chargés de masses supposées de fer doux, constituant leur armement et leur cargaison totale ou partielle.

Plus récemment M. Airy, directeur de l'observatoire de Londres, a généralisé la théorie de Poisson en introduisant dans son analyse les actions qui résultent de ce que des pièces de fer doux, lorsqu'elles ont été soumises à des actions mécaniques (martelage, étirage, torsion), peuvent contracter une aimantation subsistant malgré le changement accidentel de l'orientation de ces pièces de fer, ainsi transformées en de véritables aimants *permanents* dont l'intensité est invariable. Ce phénomène, qui acquiert une importance considérable dans les navires en fer et à vapeur, parce qu'il se réalise à un haut degré dans la coque, dans les chaudières et dans plusieurs parties des machines, constitue dans un navire ce qu'on appelle le *magnétisme permanent*.

Embrassant ainsi les deux causes diverses mais simultanées qui produisent la déviation du compas, le travail de M. Airy, pour être appliqué à un navire déterminé, exige nécessairement certaines données ou constantes spéciales à ce bâtiment et à son chargement, lesquelles données s'obtiennent à l'aide d'un certain nombre d'observations faites pour diverses orientations du navire.

M. Archibald Smith a déduit de la théorie de M. Airy des règles pratiques qui permettent aux marins instruits, en observant dans le port ou à la mer les déviations du compas qui correspondent à un nombre suffisant d'orientations diverses et connues du navire, d'établir un tableau où ils trouvent sans calcul l'orientation qui se rapporte à un angle quelconque observé sur le compas.

Postérieurement aux recherches de Poisson et avant la publication de celles de M. Airy, l'amiral Napier avait eu l'idée heureuse de représenter par une courbe la série des observations qui devaient servir de base à la théorie en question et qui, dans tous les cas, permettait aux marins de se passer de tout autre secours pour interpréter les indications du compas.

Tel est l'état actuel de la première solution du problème. Peu de mots suffisent pour signaler les graves objections qu'elle suggère : les observations nécessaires pour obtenir la courbe des déviations propres à un navire donné et à son chargement spécial restent encore assez nombreuses, même en faisant usage des règles de M. Archibald Smith ; elles exigent du temps, un concours de circonstances qui peuvent être difficiles à réunir, et surtout l'intervention d'hommes possédant une instruction peu commune. Cela est si vrai que les navires du commerce, même en Angleterre, ne font pas usage de la méthode de M. Airy et se contentent de la correction imparfaite que l'on obtient avec des aimants. D'ailleurs, la courbe obtenue dans le lieu de construction d'un navire, et qui doit servir de base aux corrections à imposer aux indications de son compas, ne convient qu'aux latitudes où l'action du magnétisme terrestre est la même, et, par conséquent, le navire qui parvient dans une latitude différente est dépourvu des données qui devraient lui permettre de diriger sa marche avec sûreté. La constatation des déviations d'un compas est d'ailleurs spéciale à son aiguille et ne peut être appliquée à une autre aiguille quelconque, de telle sorte que si elle disparaît ou si elle s'altère, le navire est sans aucun moyen de direction sûre. Enfin, la déviation qu'un navire imprime à son compas peut être telle que son indépendance n'existe plus; dans ce cas les méthodes précédentes ne sont plus applicables, même au prix d'observations savamment exécutées.

Ces remarques très-sommaires justifient l'utilité de la recherche d'un autre remède aux perturbations qu'éprouve le compas à bord des navires en fer.

Deuxième solution. — La compensation entière et parfaite des déviations du compas par des organes spéciaux, établis et réglés dans ce but, constitue une méthode qui a pour elle des avantages sérieux. Elle est applicable à tous les navires; elle laisse à l'aiguille toute sa sensibilité et toute son indépendance, comme si le magnétisme terrestre agissait seul sur elle; enfin, elle présente le grand avantage de fournir à la simple lecture et sans recherche de cabinet, le renseignement précieux qu'on demande au compas de marine. Cette dernière considération offre un avantage important dans les gros temps, où les observations ne sauraient être jamais assez promptes.

Cette compensation, pour être complète, doit être faite pour le *magnétisme induit* comme pour le *magnétisme permanent*, c'est-à-dire assujétie aux lois diverses de leur action ; de là l'obligation de diviser la question, de connaître ces lois et d'y assujétir les organes correcteurs sans cependant embarrasser la lecture du compas de l'obligation d'y avoir égard. C'est le but atteint par l'appareil dont la description va suivre. — Sa construction repose sur les données précises que fournit la théorie des phénomènes en jeu. L'analyse qui en est donnée ici n'a pas encore été produite, croyons-nous ; aussi avons-nous cru devoir l'exposer d'une manière générale avant d'entrer dans la description de l'appareil dont elle est la base essentielle.

Si je suis parvenu à faire cette étude qui constituait la donnée du problème à résoudre et qui m'a conduit à la production d'un appareil dont le rôle était ainsi parfaitement défini, j'aime à déclarer que je le dois à l'École centrale dont l'enseignement encyclopédique ouvre à ses élèves la voie de l'application des sciences d'observation et de calcul aux diverses questions industrielles. Je me plais à en rendre particulièrement hommage à M. Belanger, dont les leçons, à la fois claires et profondes, m'ont servi de modèle et de guide dans la méthode à suivre pour traiter des problèmes physico-mathématiques.

La solution nécessitait aussi des études et des expériences à bord ; j'ai pu les faire, grâce au bienveillant concours d'hommes auxquels il est par conséquent juste que j'adresse mes remercîments :

M. Flachat, ingénieur conseil de la Compagnie transatlantique, a encouragé mes études par son bienveillant accueil ;

M. l'amiral Boole, administrateur de la même Compagnie et président de la Commission spéciale, m'a ouvert la voie de l'expérimentation à bord des paquebots de la Compagnie transatlantique ;

M. Barba, ingénieur des constructions navales, m'a fait connaître l'insuffisance des moyens de correction des déviations du compas, employés jusqu'à ce jour ;

Enfin, MM. Béhic et Dupuy de Lôme, administrateurs de la Compagnie des Messageries, m'ont ouvert la collection des courbes de déviations observées sur les navires de cette Compagnie.

A. Arson.

ACTION

DU MAGNÉTISME PERMANENT

SUR L'AIGUILLE AIMANTÉE

LOIS DU MAGNÉTISME PERMANENT. — L'application que nous avons en vue conduit à limiter l'étude de l'action du magnétisme permanent, sur une aiguille, aux conditions particulières d'un aimant se mouvant dans le plan horizontal qui contient l'aiguille ; celle-ci ne saurait être sensible en effet aux composantes verticales qui pourraient exister et dont, dans l'application, on détruit l'influence par un poids additionnel et mobile ajouté à l'aiguille. Tous les appareils bien construits possèdent ce dispositif tout à fait pratique.

Il y a plus : l'étude à faire ne perdra rien de son exactitude et bien peu de sa généralité si on suppose que les pôles magnétiques qui agissent sur le compas, et dont on veut étudier l'influence, sont situés à des distances égales du pivot de l'aiguille.

Ces conditions générales posées, deux influences distinctes sont à étudier : celle de la distance à laquelle agissent les pôles considérés, et aussi celle de l'angle sous lequel cette action a lieu. Cette étude peut se faire pour chaque hypothèse considérée isolément. Dans le premier cas, on considérera l'aiguille comme soumise à l'action simultanée de deux aimants de longueurs différentes se faisant équilibre et laissant par conséquent l'aiguille dans la direction N S que lui imprime le magnétisme terrestre. Dans le second cas, au contraire, on étudiera la déviation qu'un seul aimant impose à l'aiguille lorsque, situé à une grande distance, il tourne autour de son pivot comme centre, tout en restant dans le plan horizontal de l'aiguille.

INLFUENCE DE LA DISTANCE. — Soient a, b, les pôles d'une aiguille de compas dont les rayons Oa et Ob sont égaux entre eux et représentés par l;

M, M', deux pôles d'un aimant dont les distances OM, OM' sont aussi égales entre elles et représentées par R; m, m', deux pôles d'un aimant plus rapproché de l'aiguille et pour lesquels les distances Om et Om' sont égales à r.

Si on représente les distances qui séparent les points a et b de m, m', M, M'; ainsi :

$$am = d', \quad bm = d'', \quad am' = d''' = d'', \quad bm = d'''' = d',$$
$$aM = D', \quad bm = D'', \quad aM' = D''' = D'', \quad bM = D'''' = D';$$

si on désigne les angles de ces huit droites, avec la perpendiculaire à l'aiguille, par :

$$max' = \alpha', \qquad mbx'' = \alpha'',$$
$$Max' = \beta', \qquad Mbx'' = \beta'';$$

les actions de M et de m sur un même pôle de l'aiguille sont supposées contraires, et leurs valeurs sont proportionnelles aux quantités ci-après. Désignons les forces attractives par le signe + et les forces répulsives par le signe — et supposons enfin que l'action de M sur a soit attractive, hypothèse adoptée seulement pour fixer les idées et qui n'influe nullement sur la correction; on peut écrire :

$$+\frac{M}{D'^2} \text{ sur } a, \; -\frac{M}{D''^2} \text{ sur } b, \; -\frac{m}{d'^2} \text{ sur } a, \; -\frac{m}{d''^2} \text{ sur } b,$$

$+\frac{M'}{D''''^2}$ sur b, $-\frac{M'}{D'''^2}$ sur a, $-\frac{m'}{d''''^2}$ sur b, $+\frac{m'}{d'''^2}$ sur a.

Or,

$M' = M$, $m' = m$, $D'''' = D'$, $D''' = D''$, $d'''' = d'$ et $d''' = d''$.

Donc, les quatre forces de la troisième ligne sont des mêmes grandeurs et des mêmes signes que les quatre forces de la première ligne. De plus, ces forces égales deux à deux sont aussi deux à deux à la même distance du point O. Il en résulte que les quatre forces de la seconde ligne, dues aux pôles M' et m' ont autour de O les mêmes moments (grandeurs et signes) que les quatre forces dues aux pôles M et m.

Donc, pour que l'aiguille soit en équilibre sous la double action des deux aimant mm' et MM', il faut et il suffit que les moments autour de O des forces dues aux pôles M et m donnent une somme nulle, eu égard à leurs signes.

De plus, on voit sur la figure que les forces $+\frac{M}{D'^2}$

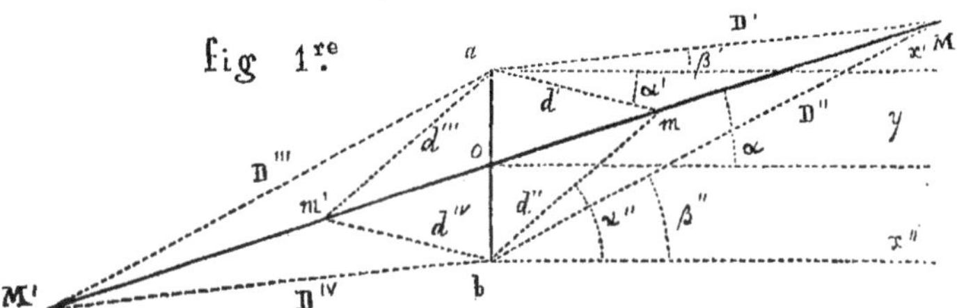

et $-\frac{M}{D''^2}$ tendent à faire tourner l'aiguille dans un même sens (à droite), tandis que les forces $-\frac{m}{d'^2}$ et $+\frac{m}{d''^2}$ tendent toutes deux à la faire tourner dans un sens contraire (à gauche); de là l'équilibre des moments :

$$l\frac{M}{D'^2}\cos\beta' + l\frac{M}{D''^2}\cos\beta'' - l\frac{m}{d'^2}\cos\alpha' - l\frac{m}{d''^2}\cos\alpha'' = 0 \quad [1].$$

On simplifie cette équation en remarquant que si l'on appelle α l'angle de la droite **MM'** avec la perpendiculaire y à l'axe ab de l'aiguille, on a :

$$D' \cos\beta' = R \cos\alpha = D'' \cos\beta'', \quad d' \cos\alpha' = r \cos\alpha = d'' \cos\alpha'',$$

d'où :

$$\cos\beta' = R \frac{\cos\alpha}{D'}, \quad \cos\beta'' = R \frac{\cos\alpha'}{D''},$$

$$\cos\alpha' = \frac{r \cos\alpha}{d'}, \quad \cos\alpha'' = \frac{r \cos\alpha}{d''},$$

et l'équation [1] des moments devient, par la suppression des facteurs communs l et $\cos\alpha$,

$$MR\left(\frac{1}{D'^3} + \frac{1}{D''^3}\right) - mr\left(\frac{1}{d'^3} + \frac{1}{d''^3}\right) = 0;$$

d'où l'on conclut :

$$\frac{m}{M} = \frac{R}{r} \frac{\frac{1}{D'^3} + \frac{1}{D''^3}}{\frac{1}{d'^3} + \frac{1}{d''^3}} = \frac{R}{r} \frac{d'^3 d''^3}{d'^3 + d''^3} \frac{D'^3 + D''^3}{D'^3 D''^3}.$$

La valeur de R, comparée à celle de r, a une grande influence sur la valeur du rapport $\frac{m}{M}$, que la formule n'exprime pas et qu'il importe de connaître.

Le tableau suivant fait ressortir que le rapport entre les valeurs de deux aimants en équilibre devient constant lorsque l'un d'eux conserve le même rayon d'action r, tandis que l'autre prend successivement des rayons croissants qu'on peut désigner d'une manière générale par R, pourvu que ceux-ci aient des valeurs dépassant cinq mètres. Or, c'est toujours le cas dans l'application, car la résultante des actions perturbatrices a toujours un point d'application situé à plus de cinq mètres du compas.

VALEURS DU RAPPORT DE $\frac{m}{M}$

correspondant à des valeurs diverses de R le rayon des pôles perturbateurs, considéré dans diverses orientations magnétiques.

R	ORIENTATIONS. 0° 00′	22° 30′	45° 00′	67° 30′	90° 00′	RAPPORT des valeurs extrêmes.
0,29	1,00 000 0	1,00 000 0	1,00 000 0	1,00 000 0	1,00 000 0	1,09 60
1	0,50 540 0	0,56 160 0	0,71 223 5	0,89 917 2	0,95 373 0	1,88 71
2	0,01 219 1	0,01 363 4	0,01 757 0	0,02 212 3	0,02 406 1	1,97 37
3	0,00 537 9	0,00 601 3	0,00 578 7	0,01 001 0	0,01 071 0	1,99 13
4	0,00 301 8	0 00 338 0	0,00 137 5	0,00 563 4	0,00 602 8	1,99 73
5	0,00 192 8	0,00 216 3	0,00 280 0	0.00 360 7	0,00 385 9	2,00 00
6	0,00 133 9	0,00 149 9	0,00 191 4	0,00 250 5	0,00 268 0	2,00 05
7	0,00 098 3	0,00 110 3	0,00 142 8	0,00 181 0	0,00 196 9	2,00 24
8	0,00 075 2	0.00 081 4	0,00 109 3	0,00 140 8	0,00 150 8	2,00 29
9	0,00 059 4	0,00 066 6	0,00 086 4	0,00 111 3	0,00 119 1	2,00 33
10	0,00 048 1	0,00 054 0	0,00 069 9	0,00 090 1	0,00 096 5	2,00 37
20	0,00 012 0	0,00 013 5	0,00 017 4	0,00 022 5	0,00 024 1	2,00 45
30	0,00 005 3	0,00 006 0	0,00 007 7	0,00 010 0	0,00 010 7	2,00 46
40	0,00 003 0	0,00 003 3	0,00 004 3	0,00 005 6	0,00 006 0	2,00 47
50	0,00 001 9	0,00 002 1	0,00 002 8	0,00 003 6	0,00 003 8	2,00 47
80	0,00 000 7	0,00 000 8	0,00 001 1	0,00 001 4	0,00 001 5	2,00 48
100	0,00 000 4	0,00 000 5	0,00 000 7	0,00 000 9	0,00 000 9	2,00 48

VALEURS DU RAPPORT DE $\frac{m}{M}$

que l'on peut considérer comme constantes :

1,00 000 0	1,12 189 1	1,45 228 2	1,87 033 2	2,00 000 0	2,00 00

Ces dernières valeurs prises pour ordonnées ont servi pour tracer la courbe de la figure 1, planche 1.

L'examen des chiffres de ce tableau montre que l'équilibre entre les forces M et m, qui agissent à des distances différentes de l'aiguille, ne saurait exister dans deux orientations consécutives sans que l'une d'elles, celle de l'aimant compensateur m, par exemple, puisque c'est la seule qu'on puisse faire varier, ne soit incessamment changée. Cette variation dans les moments de l'aimant compensateur ne peut être obtenue par une variation dans l'intensité de la force, mais elle est réalisable par le changement de valeur du bras de levier. Ce résultat est obtenu dans l'appareil compensateur par le déplacement d'un aimant permanent qui tourne en temps voulu autour d'un point de sa longueur dans un plan vertical.

La discussion de la formule du rapport $\frac{m}{M}$ fournit matière à des observations utiles. On reconnaît, par exemple, que l'influence due au terme

$$\frac{D'^3 + D''^3}{D''^3 D'^3}$$

est très-sensiblement constante et égale à :

$$\frac{2}{D^3}$$

D étant la distance de l'aimant perturbateur à l'axe de rotation de l'aiguille. Cette conclusion est d'ailleurs confirmée par les chiffres du tableau.

Le terme $\frac{d'^3 + d''^3}{d'^3 d''^3}$ est donc le seul qui puisse introduire des variations dans la valeur du rapport $\frac{m}{M}$; mais il est le même dans toutes les applications, puisqu'il dépend des formes de l'appareil ; donc la loi de variation du rapport $\frac{m}{M}$ peut être considérée comme constante.

Dans l'application, ce rapport a été fixé arbitrairement à des termes simples pour faciliter les calculs, c'est-à-dire que le rayon r des organes compensateurs a été choisi de telle sorte que l'intensité à produire dans le Nord fut la moitié de l'intensité à produire dans l'Est. On comprendra l'intérêt de cette disposition lorsqu'on connaîtra l'appareil et la condition de sa régulation.

La planche 1 donne une expression graphique des conditions d'équilibre qui interviennent entre la force M et la force m chargée d'en compenser à chaque instant l'action variable.

La figure 1 montre le rapport des deux forces dans toutes les positions angulaires, et, puisque la force M est constante, elle montre que la force m devrait croître du simple au double en passant de l'équilibre dans le Nord à l'équilibre dans l'Est.

La figure 2 représente la variation qui doit intervenir dans les moments des forces et non plus celle qui devait intervenir dans les forces seules pour le maintien de l'équilibre. La courbe O B a pour ordonnées les moments de la force M agissant sous des angles qui varient de 0° à 90°. La grande valeur de la distance D de son point d'application permet de considérer que le moment de cette force varie comme le cosinus des angles, et ce sont en effet des quantités proportionnelles à ces valeurs qui servent d'ordonnées à la courbe. L'appareil compensateur devra donc présenter en chacun des points de l'évolution des moments capables de faire l'exacte compensation de ces quantités variables.

INFLUENCE DE L'ANGLE COMPRIS ENTRE LE RAYON DU PÔLE DÉVIATEUR ET L'AIGUILLE. — Soit $OG = l$, la demi-longueur d'une aiguille qui tourne autour du point O (fig. 2) ;

y l'angle de la déviation de l'aiguille ;

T l'expression de la composante horizontale de la force terrestre agissant au point G ;

M celle d'une force perturbatrice transportée au même point ;

Le moment qui tend à faire dévier l'aiguille de sa position normale est :

$$l \times GB = l \times M \sin x.$$

Celui qui tend à l'y ramener est :

$$l \times GA = l \times T \sin y;$$

et l'équilibre correspond à l'égalité entre ces expressions :

$$T \sin y = M \sin x;$$

d'où, résultat très-remarquable :

$$\frac{\sin y}{\sin x} = \frac{M}{T} = \text{constante.}$$

L'angle x croît jusqu'à devenir un angle droit (fig. 3); puis il diminue pour redevenir nul au moment où l'aimant M arrive

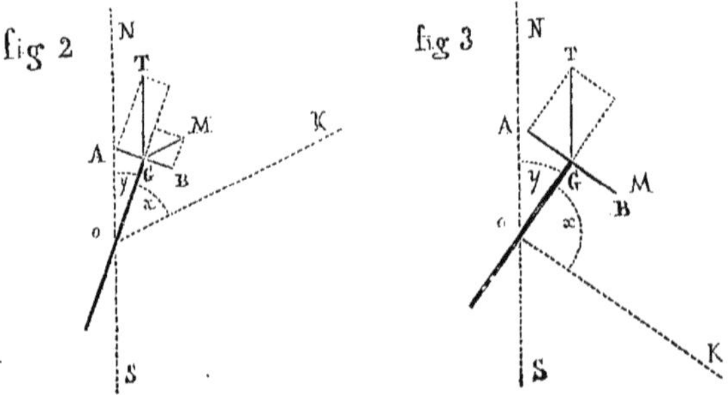

dans le plan vertical projeté en N O. Le maximum de la déviation a lieu lorsque l'aimant est situé sur un rayon perpendiculaire à l'aiguille ; car, dans les positions voisines, les moments de son action sont égaux entre eux et plus faibles que celui qui correspond à cette position.

Mais alors :

$$\sin x = 1,$$

puisque l'angle G O K est droit ; donc $\sin y$ a pour maximum $\frac{M}{T}$ qui exprime le rapport de la force perturbatrice M à la force directrice de la terre T.

Il importe de ne pas oublier que la force M est supposée agir à une distance assez grande de l'aiguille pour que les lignes G M et O K puissent être considérées comme parallèles. Il suffit d'ailleurs, comme on l'a vu, que cette distance soit de cinq mètres, et par conséquent la condition nécessaire sera toujours réalisée dans l'application.

Cette expression si simple du phénomène n'est pas en usage dans la marine. C'est à l'évolution du navire que sont rapportées les déviations observées, et non à l'angle que forme sa direction et celle de son aiguille. En outre, c'est en fonction des angles de la déviation et non en fonction de leurs sinus que sont tracées les figures représentatives de ces déviations; il faut donc, si on ne veut changer la méthode consacrée, passer de cette expression à celle qui est usitée. Cela est heureusement possible.

On remarque que, pour chaque direction du navire, la différence entre les angles que sa direction fait avec le Nord magnétique d'une part et avec la direction de l'aiguille d'autre part est justement égale à la déviation ; de telle sorte que toute valeur de sin y appartenant à la première expression, pour une valeur de sin x, convient aussi à la seconde pour une valeur (sin x + sin y) : par conséquent, l'expression nouvelle rapportée à l'axe N O est :

$$\sin y = \frac{M}{T} (\sin x + \sin y).$$

La figure 1, pl. II, permet de constater que la loi dont cette formule est l'expression est régulière, et en quoi elle diffère de la loi primitive.

La courbe N E S est celle qui exprime la déviation rapportée à l'aiguille produite par un pôle attractif, et qui répond à l'équation :

$$\sin y = \frac{M}{T} \sin x.$$

Son maximum est au point E correspondant à $x = 90°$.

La courbe N E' S exprime les mêmes phénomènes rapportés à l'évolution du navire ; les ordonnées sont les mêmes, mais les abcisses diffèrent. Son équation est :

$$\sin y = \frac{M}{T} (\sin x + \sin y)$$

et son maximum correspond à $x = 90° + y$.

Cette expression contient un terme remarquable $\frac{M}{T}$, qui est constant pour un même navire, et qui exprime le rapport de la force magnétique du navire à la force magnétique terrestre.

COURBE DE NAPIER. — La courbe des déviations telle qu'elle est ordinairement tracée par les marins, et dont l'usage est universellement répandu, présente encore un caractère qu'il importe extrêmement de conserver. Dans ce système de courbes représentatives des lois des phénomènes considérés, les ordonnées élevées sur un cercle gradué développé en ligne droite comme base, sont inclinées sous un angle de soixante degrés du Nord vers l'Est et sont figurées en traits ponctués. D'autres ordonnées inclinées aussi à soixante degrés, mais de l'Est vers le Nord, sont tracées en traits pleins. Le but de cette disposition est de relier d'une manière distincte les trois quantités qui sont toujours en rapport dans l'expression d'une situation, savoir : l'*indication du compas*, la *déviation*, l'*orientation magnétique du navire*. L'une de ces trois quantités étant donnée, on en déduit les deux autres sans opération mathématique et sans chance d'erreur.

Cette méthode, qui est due à l'amiral Napier, est trop précieuse pour être abandonnée; il est logique, au contraire, d'y rattacher toute opération complémentaire propre à la solution des questions qui restaient encore à résoudre. On verra que les considérations mathématiques, relatives à la théorie qui vient d'être exposée, trouvent dans l'emploi de ces coordonnées obliques un mode d'expression convenable.

La courbe de Napier est tracée de la manière suivante, Pl. II, fig. 2 : de chaque point C de la ligne des abcisses NS correspondant à une position de navire, avec un rayon CA' égal à la déviation correspondante y', on décrit un arc de cercle qui coupe l'axe au point A' et le lieu de la courbe en un point B'. Du point A', avec le rayon CA' égal à y', on décrit un autre arc de cercle qui rencontre le premier au point B'. Les trois longueurs A'C, B'C, A'B', sont égales entre elles et égales à y'. Le point C est l'extrémité d'une somme de longueurs $x' + y'$, comptées à partir de l'origine N, et le point B' est un point de la courbe de déviation. La fraction de la base $x =$ NA' est égale à l'arc compris entre la direction de l'aiguille et le rayon du pôle perturbateur; $y' =$ A'C est une longueur représentant l'angle de la déviation, de telle sorte que NC est égal à l'angle de l'évolution.

Si la déviation y'' est négative, elle doit être portée à l'Ouest de la ligne de base NS, et c'est par conséquent de ce côté que devra être prise comme lieu de la courbe la rencontre des rayons CB'' et A''B''. Le point C, pris sur la ligne de base, est toujours indicateur de l'orientation du navire, et le point A'' de l'indication du compas. Le terme $x + y$, qui exprimait la position du navire, devient $x - y$, puisque la déviation y change de signe. Telles sont les conventions consacrées par l'usage.

Il importe de ne pas oublier que ces quantités figurées par des lignes représentent cependant des angles auxquels elles sont proportionnelles, et que, dans les expressions algébriques, ces quantités sont remplacées par leurs sinus.

DIVERS CAS DE L'APPLICATION. — On vient de voir qu'un pôle magnétique, placé sur un rayon partant du pivot d'une aiguille et tournant autour d'elle, lui imprime des déviations qui peuvent être représentées par les ordonnées d'une courbe définie. Celle-ci peut avoir son origine avant ou après le Nord magnétique, et, en outre, le pôle perturbateur qui la produit peut être boréal ou austral; de la quatre cas particuliers qui peuvent se présenter dans l'application.

Premier cas. — Si on appelle y_0 et y_1 les déviations observées dans deux quarts consécutifs, le Nord et l'Est, et qu'on les suppose toutes deux positives, comme il convient à l'exemple de la fig. 1, pl. III, qui est relatif à un pôle boréal ou attractif situé à tribord, on pourra poser les formules produites au début de cette étude, savoir, pour le terme qui correspond à y_0 la déviation observée dans le Nord magnétique :

$$\sin y_0 = \frac{M}{T} (\sin x_0 + \sin y_0);$$

puis, pour le terme y_1 correspondant à une évolution par l'est, et le terme x_1 étant exprimé en fonction de x_0 pour éviter l'introduction d'une valeur indéterminée nouvelle; car

$$x_1 = 90^\circ + y_0 + x_0 - y_1,$$

on peut écrire :

$$\sin y_1 = \frac{M}{T} [\sin (90^\circ + y_0 + x_0 - y_0) + \sin y_1];$$

et de ces deux équations on tirera les valeurs de x_0 et de $\frac{M}{T}$.

On éliminera d'abord le terme $\frac{M}{T}$ en tirant sa valeur de chaque équation et en égalant les deux expressions :

$$\frac{\sin y_0}{\sin x_0 + \sin y_0} = \frac{\sin y_1}{\sin(90^\circ + y_0 + x_0 - y_1) + \sin y_1}.$$

Puis remarquant que le dénominateur du second membre peut être mis sous la forme :

$$\sin(90^\circ + y_0 - y_1)\cos x_0 - \sin x^0 \cos(90^\circ + y_0 - y_1) + \sin y_1,$$

et chassant les dénominateurs, supprimant le facteur commun $\sin y_0$, enfin divisant les deux membres par $\cos x_.$, on tire une valeur de x_0 sous la forme d'une tangente :

$$\operatorname{tg} x_0 = \frac{\sin(90^\circ + y_0 - y_1)}{\frac{\sin y_1}{\sin y_0} - \cos(90^\circ + y_0 - y_1)}$$

d'où :

$$\frac{M}{T} = \frac{\sin y_0}{\sin x_0 + \sin y_0}.$$

Les termes x_0 et $\frac{M}{T}$, en fonctions des valeurs de y_0 et de y_1, sont fournis par l'observation ; on les substitue dans l'équation générale qui peut alors fournir des valeurs de y correspondant à toutes valeurs de x :

$$\sin y = \frac{M}{T}\left[\sin\Big((x + y_0 + x_0) - y\Big) + \sin y\right].$$

x étant le nombre de degrés compris entre le Nord et le point considéré de l'évolution.

Cette formule conduit, par des transformations semblables à celles qui précèdent, à l'expression :

$$\operatorname{tg} y = \frac{\sin(n + y_0 + x_0)}{\frac{T}{M} - 1 + \cos(n + y_0 + x_0)},$$

à l'aide de laquelle on pourra déterminer les valeurs intermédiaires de y qui correspondent à des valeurs de n, le nombre de degrés considéré de l'évolution. On pourra donc, en particulier, déterminer la valeur de y correspondant à l'évolution Nord 45° Est, pour laquelle $n = 45°$.

Deuxième cas. — Si le pôle perturbateur est encore attractif, mais s'il est placé à babord, la déviation négative au départ de l'évolution deviendra promptement positive lorsque ce pôle aura dépassé le plan du méridien magnétique. La nappe positive se développera dans les deux quarts Est de l'évolution. L'ordonnée y_0, à l'origine, devra recevoir de la formule une valeur négative, tandis que l'ordonnée y_1 conservera une valeur positive.

On devra écrire en effet :

$$\sin y_0 = \frac{M}{T}(-\sin x_0 - \sin y_0),$$

ou bien :

$$\sin y_0 = \frac{M}{T}(\sin x_0 + \sin y_0);$$

puis :

$$\sin y_1 + \frac{M}{T}[\sin(90° - y_0 - x_0 - y_1) + \sin y_1].$$

Dans ces deux équations, la valeur de $\frac{M}{T}$ est la même au signe près, puisque la première se rapporte au développement négatif de la courbe, et que le seul changement de signe dans l'expression porte sur ce terme. Tirant donc cette quantité de la première équation et changant son signe pour l'introduire dans la troisième, il vient :

$$\sin y_1 = \frac{\sin y_0}{\sin x_0 + \sin y_0} [\sin (90^\circ - y_0 - x_0 - y_1) + \sin y_1];$$

d'où on tirera :

$$\operatorname{tg} x_0 = \frac{\sin (90^\circ - y_0 - y_1)}{\frac{\sin y_1}{\sin y_0} + \cos (90^\circ - y_0 - y_1)}$$

et

$$\frac{M}{T} = \frac{\sin y_0}{\sin x_0 + \sin y_1};$$

puis, d'une manière générale :

$$\operatorname{tg} y = \frac{\sin (n - y_0 - x_0)}{\frac{T}{M} - 1 + \cos (n - y_0 - x_0)}.$$

Troisième cas. — Lorsque la courbe est l'expression d'une déviation produite par un pôle austral, et que, par conséquent, elle a son développement à l'Ouest de la ligne de base, pl. IV, c'est-à-dire lorsque y_0 est négatif, l'équation générale devient :

$$\sin y_0 = \frac{M}{T} (\sin x_0 - \sin y_0).$$

Mais il est encore nécessaire de distinguer le cas où le croisement avec la ligne des x a lieu avant ou après le point de départ, correspondant à un pôle boréal situé à tribord. La formule précédente reste applicable puisque l'abcissé est positive, et il n'y a plus à considérer que celle qui est relative à la position Est de l'évolution. La figure 1 permet d'écrire :

$$\sin y_1 = \frac{M}{T}\left[\sin(90^\circ + x_0 - y_0 + y_1) - \sin y_1\right],$$

et de ces deux équations on déduira comme précédemment :

$$\operatorname{tg} x_0 = \frac{\sin(90^\circ - y_0 + y_1)}{\frac{\sin y_1}{\sin y_0} - \cos(90^\circ - y_0 + y_1)};$$

puis :

$$\frac{M}{T} = \frac{\sin y_0}{\sin x_0 - \sin y_0};$$

enfin, pour le cas général :

$$\operatorname{tg} y = \frac{\sin(n - y_0 + x_0)}{\frac{T}{M} + 1 - \cos(n - y_0 + x_0)}.$$

En représentant toujours par n l'angle compris entre le Nord magnétique et le point considéré de l'évolution.

Quatrième cas. — Enfin, si la rencontre de la courbe de la déviation avec l'axe des x a lieu entre le Nord et l'Est, fig. 2, la formule applicable pour le point situé au delà de l'origine est :

$$\sin y_0 = \frac{M}{T}(-\sin x_0 + \sin y_0),$$

puisque x_0 et y_0 sont tous deux négatifs. Mais cette expression peut aussi s'écrire sous la forme :

$$\sin y_0 = -\frac{M}{T}(\sin x_0 - \sin y_0),$$

laquelle rend plus saisissable le raisonnement qui établit que le terme $\frac{M}{T}$ à introduire dans l'équation propre au développement de la courbe située du côté des x positifs, et qui est de signe contraire au précédent, satisfait à l'expression :

$$\sin y_0 = \frac{M}{T}(\sin x_0 - \sin y_0).$$

La déviation à l'Est donne :

$$\sin y_1 = \frac{M}{T}\left[\sin(90^\circ - x_0 + y_0 + y_1) - \sin y_1\right],$$

et de ces deux équations on tire :

$$\operatorname{tg} x_0 = \frac{\sin(90^\circ + x_0 + y_1)}{\frac{\sin y_1}{\sin y_0} + \cos(90^\circ + y_0 + y_1)},$$

et

$$\frac{M}{T} = \frac{\sin y_0}{\sin x_0 - \sin y_0}.$$

Cette valeur étant applicable seulement avec le signe positif à la nappe qui se développe de 1 en E.

Enfin, pour une valeur intermédiaire de y correspondant à n° de l'évolution comptée depuis le Nord :

$$\operatorname{tg} y = \frac{\sin(n + y_0 - x_0)}{\frac{T}{M} + 1 - \cos(n + y_0 - x_0)}.$$

Parmi les points qui peuvent être déterminés à l'aide des formules générales donnant les valeurs de tg y, il en est un caractéristique qui doit toujours être recherché : c'est celui qui correspond à la déviation dans l'orientation de 45°. Sa différence avec la déviation observée en ce point, différence qui peut être positive ou négative, fait connaître le sens et l'intensité de la partie de la déviation due au magnétisme d'induction, dont les caractères seront développés au chapitre suivant.

INFLUENCE DU CHANGEMENT DE LATITUDE. — L'équilibre du compas compensé, considéré au point de vue du magnétisme permanent, est indépendant de la latitude. Réglé en un lieu quelconque, il reste réglé partout. Il convient de remarquer, en effet, que les moments des forces m et M s'annulent constamment, et comme le moment de la force terrestre est toujours nul puisque l'aiguille peut être maintenue dans le Nord, la variation dans l'intensité de cette force ne peut modifier la position de l'aiguille.

Si l'aiguille occupait une position autre que celle du Nord magnétique sous l'influence de la force perturbatrice M non compensée, elle varierait de position avec le changement de latitude dans une même orientation ; puisque l'une des forces M restant constante, l'autre serait modifiée dans son intensité.

On sait, en effet, que la courbe de Napier doit être tracée dans toutes les latitudes que le navire parcourt et qu'elle varie dans chacune d'elles. La compensation est donc utile, même pour les navires qui n'impriment pas à leur compas une grande déviation.

SOLUTION GRAPHIQUE. — D'après ce qui précède, les déviations dues à l'influence du magnétisme permanent présentent toujours un développement positif pendant une demi-évolution, puis un développement négatif pendant l'autre; et si elles avaient des valeurs nulles au Nord et au Sud, elles ne différeraient entre elles que par la valeur du terme $\frac{M}{T}$. Si donc on trace ces courbes par avance, pl. V, en faisant varier ce coefficient, on constitue un ensemble de figures dans lequel il n'y a plus qu'à rechercher celle de ces courbes qui convient au cas dont on veut la solution.

La détermination de la distance du point de départ de la courbe au point Nord est facile.

Il suffit, en effet, de trouver l'une des courbes qui, rencontrée par deux droites parallèles à l'axe des x, menées à des hauteurs égales aux ordonnées des déviations considérées, fournisse en ces points des ordonnées distantes de 90°

Plusieurs méthodes pourront être suivies pour la recherche de la courbe qui satisfait le mieux à ces conditions; l'une d'elles, dont on disposera toujours, consiste à tracer deux droites parallèles à l'axe des x à des hauteurs égales aux ordonnées y_0 et y_1 de la déviation. Ces droites rencontreront certainement une courbe qui satisfasse à la condition d'avoir en ses points de croisement deux ordonnées égales aux déviations données, et qui soient distantes sur l'axe des x de 90°. Pour la trouver, on prendra une des courbes qui semblera devoir satisfaire à cette condition, on tracera les deux ordonnées qui correspondent à ses points de rencontre avec les parallèles, et on vérifiera si l'écartement compris entre leurs pieds sur l'axe des x est bien de 90°, jusqu'à ce qu'on ait obtenu le résultat cherché.

Le but de la détermination de la loi mathématique de la déviation due au magnétisme permanent est de faire connaître le sens et la valeur de la déviation due au magnétisme d'induction ; la courbe ainsi déterminée par une figure, aussi bien que la loi exprimée par une formule, satisfait à cette condition. Il suffit, en effet, d'élever une ordonnée à la courbe en un point placé à égale distance de y_0 et de y_1 et de la comparer à la déviation observée à bord dans l'orientation de 45°.

Suivant que celle-ci sera plus petite ou plus grande, la différence devra en être attribuée au magnétisme d'induction, et on verra, dans le chapitre suivant, les conséquences qui doivent être tirées du sens négatif ou positif de sa valeur.

ACTION

DU MAGNÉTISME INDUIT

SUR L'AIGUILLE AIMANTÉE

Le magnétisme induit agit comme une autre cause dans la déviation du compas. De même que le magnétisme permanent, il a son siége dans le fer de la coque, dans le fer des machines et, accidentellement, dans celui qui compose le chargement.

Le magnétisme d'induction présente des caractères différents de ceux du magnétisme permanent, en sorte que les moyens propres à la compensation du premier ne sont pas applicables à celle du second.

CARACTÈRES DU MAGNÉTISME INDUIT. — Une aiguille de fer doux, tenue dans la direction d'une aiguille d'inclinaison, manisfeste tous les caractères d'un aimant permanent ; mais elle les perd au fur et à mesure qu'elle s'éloigne de cette position, et n'en conserve plus aucune trace sensible lorsqu'elle devient perpendiculaire à sa direction première.

Un autre caractère ou effet du magnétisme d'induction, c'est que le simple contact entre les parties d'un ouvrage en fer établit entre elles une solidarité magnétique qui les place dans les mêmes conditions que si cet ouvrage était d'une seule pièce. Le tout lié par simple contact ne manifeste, en effet, que deux pôles et un plan neutre.

La puissance de ces deux pôles est proportionnelle à l'ensemble; et chacun des éléments, même le plus éloigné, apporte son concours d'action proportionnelle, quelle que soit la distance qui le sépare de l'aiguille.

Une expérience facile à reproduire fournit la preuve de ce qui précède. Si on pose verticalement un tuyau de tôle mince à côté d'une aiguille aimantée, celle-ci est déviée de sa position primitive par le caractère magnétique que prend la tôle sous l'influence de la terre. Si à ce premier tuyau on en superpose un second, puis un troisième, on voit chaque fois s'accroître la déviation de l'aiguille, alors même que le dernier cylindre ajouté serait situé à une distance de l'aiguille telle, que seul il n'exercerait aucune action. La mesure de la déviation de l'aiguille, calculée par la tangente de l'angle décrit par cette aiguille, est proportionnelle à la longueur totale des cylindres quand le contact est complet; si le contact n'est que partiel, le phénomène n'est produit que dans la même proportion.

De cette loi découlent des conséquences utiles à l'étude des déviations de la boussole dans des navires en fer. D'abord les tôles et pièces en fer qui constituent la coque d'un navire, et qui sont en contact, agissent sur l'aiguille du compas comme le ferait une seule pièce de fer; c'est-à-dire qu'elles ne manifestent que deux pôles, dont les intensités sont proportionnelles à leur masse. Ensuite, les pièces isolées en fer, telles que les machines et chaudières, ou bien encore celles qui figureraient accidentellement dans le chargement, exercent une action indépendante, qui peut, suivant leur position relative, accroître, compenser ou diminuer celle de la coque.

Voici les moyens d'apprécier avec certitude le sens de ces diverses influences et d'en régler la compensation.

ACTION DES CORPS PRISMATIQUES EN FER DOUX SUR L'AIGUILLE.— Si on tient une tige de fer doux dans le plan du méridien et dans diverses inclinaisons, on remarque ce qui suit :

Lorsqu'elle est dans la direction de l'aiguille d'inclinaison, les caractères magnétiques instantanés sont développés à leur maximum, et les pôles apparaissent vers les extrémités ;

Lorsqu'elle quitte cette position et prend des inclinaisons moindres, les pôles s'affaiblissent, se rapprochent du centre, s'étendent dans la longueur de la tige, se neutralisent mutuellement dans leurs actions à distance, et finissent par n'être plus sensibles lorsque la tige arrive dans une direction perpendiculaire à la position initiale.

CAS DU MOUVEMENT DES CORPS DÉVIATEURS DANS LE PLAN HORIZONTAL. — Ces variations dans l'intensité de l'état magnétique d'une tige de fer ne se produisent pas seulement lorsqu'elle se meut dans le plan du méridien; elles ont lieu aussi lorsqu'elle se déplace dans un plan horizontal, en tournant autour d'un point fixe, la perpendiculaire abaissée de ce point sur la base partageant la longueur de celle-ci en deux parties égales.

Dans une évolution complète autour d'une aiguille, cette intensité devient nulle dans des positions caractéristiques : lorsque la barre est parallèle au plan du méridien, soit à l'Ouest, soit à l'Est de l'aiguille; et aussi lorsqu'elle est perpendiculaire à ce plan, soit au Sud, soit au Nord. Dans les deux premiers cas, les pôles instantanés de la barre équilibrent respectivement leurs actions sur les pôles de l'aiguille;

dans les seconds, ils semblent disparaître dans les barres elles-mêmes. En dehors de ces positions, lorsque la barre passe de l'une à l'autre en restant horizontale et à une distance constante de l'aiguille, elle lui imprime une déviation qui va croissant jusqu'à ce que l'angle parcouru par chaque point de l'aiguille soit d'environ 45°; à partir de ce point elle diminue pour redevenir nulle lorsque la barre arrive dans une direction perpendiculaire à celle de sa position initiale.

Le sens de la déviation de l'aiguille est d'ailleurs toujours contraire à celui de l'évolution de la barre, c'est-à-dire qu'elle a lieu vers l'Ouest quand la barre évolue à l'Est.

Tout ce qui vient d'être dit subsisterait encore si à la barre considérée on en substituait deux, placées l'une à l'Est et l'autre à l'Ouest de l'aiguille, en les assujettissant à rester parallèles entre-elles.

INFLUENCE DE L'EXCENTRATION DES CORPS DÉVIATEURS. — Si les barres qui viennent d'être considérées étaient placées de telle sorte que la perpendiculaire abaissée sur elles du pivot de l'aiguille, au lieu de les rencontrer dans leur milieu, les rencontrât à l'une de leurs extrémités, le sens de leur action déviatrice serait renversé, c'est-à-dire que l'aiguille serait déviée dans le sens même de l'évolution des barres.

En appliquant à la question les conclusions qu'on peut tirer de cette expérience faite sur des corps d'une forme simple et manifestant sûrement la loi, il est facile de reconnaître que la coque d'un vaisseau, laquelle enveloppe nécessairement l'aiguille, doit imprimer à celle-ci une déviation de sens contraire à celle que lui impriment les corps contenus dans la coque parce qu'ils sont extérieurs à l'aiguille. Le sens de la déviation due au magnétisme induit étant constaté, son origine apparaît aussitôt : lorsque le navire évolue à l'Est, si elle est négative, elle est due à la coque ; si elle est positive, elle est due aux corps contenus.

Les déviations dues au magnétisme induit des corps contenus peuvent affecter, dans les deux quarts Nord, des intensités très-différentes de celles qu'elles prendront dans les deux quarts Sud, comme il arrive dans la déviation du *Warrior*. Il faut l'attribuer à la forme des appareils qui sont le siége de cette action, et dans lesquels les résultantes magnétiques qui dépendent de la forme ne se produisent pas semblables à elles-mêmes aux deux extrémités d'une demi-évolution. Il y aura donc lieu de rechercher dans l'application une position où le compas soit le plus possible en dehors de l'action des corps contenus. Cependant, lorsque les chaudières et machines formeront des groupes semblables par rapport à un point milieu, de telle sorte que leur état magnétique soit le même lorsque le cap est au Nord, ou lorsqu'il est au Sud, ce point sera, sans aucun doute, convenable pour l'installation du compas. Il importe, toutefois, de faire remarquer que les chaudières étant condamnées à des altérations rapides et à des changements fréquents, le compas placé sous leur influence sera exposé à des modifications dans son état d'équilibre et réclamera alors de plus fréquents règlements.

INFLUENCE DU CHANGEMENT DE LATITUDE. — La même aiguille aimantée, transportée de l'équateur aux pôles, exécute dans un même temps des nombres d'oscillations qui vont en croissant suivant la latitude du lieu ; on tire de ces observations la conclusion que le magnétisme terrestre exerce une action qui varie par ce déplacement dans le rapport de un à deux et demi. Le fer des navires, placé sous la même influence, éprouve des changements d'intensité magnétique qui ont pour conséquence de modifier la résultante des forces déviatrices agissant sur l'aiguille. Mais l'état magnétique du compensateur subissant les mêmes changements que celui du navire, et les forces déviatrices étant des deux parts modifiées dans le même sens et dans la même proportion, l'équilibre ne cessera pas d'exister. Si donc l'organe en fer doux, proposé pour la compensation de l'induction, satisfait bien à cette condition dans une latitude donnée, il y satisfera également bien dans toutes les autres.

APPLICATIONS

DES THÉORIES PRÉCÉDENTES

CHOIX DES EXEMPLES. — Ce qui vient d'être dit du compas, étant basé sur des principes indiscutables, ne saurait offrir aucune place au doute, et l'application qui va en être faite à l'appareil compensateur présente toute certitude. Il ne sera pas inutile, cependant, de le confirmer par des exemples. Les deux premiers sont tirés de l'amirauté anglaise, et s'imposent, par conséquent, avec une grande autorité : ils sont relatifs aux navires *le Trident* et *le Warrior*. Le troisième est celui d'un navire voilier, ne contenant ni chaudière ni machine, l'*Irène*, appartenant à M. J. Bordes, de Bordeaux, dont les compas ont été réglés par MM. J.-W. Blakeneyet et Comp., constructeurs à Sunderland.

Si on examine la courbe des déviations du *Trident*, on trouve que la déviation dans le Nord est due à un pôle boréal placé à babord, puisque la déviation, négative à l'origine de l'évolution, devient bientôt positive et reste telle pendant la demi-évolution par l'Est. Dans le *Warrior*, au contraire, la déviation constatée dans le Nord est due à un pôle austral placé à tribord, puisque la déviation, déjà négative au départ, reste dans le même sens pendant la demi-évolution par l'Est.

La perturbation due au magnétisme induit est du même

genre dans les deux navires : elle est positive, et provient par conséquent de l'influence prédominante que le magnétisme induit des corps contenus exerce sur l'aiguille. Le troisième exemple complète la démonstration des principes généraux de la déviation : c'est celui d'un navire dans lequel le magnétisme de la coque est dominant, et qui est pris pour cette raison dans un navire ne contenant ni chaudière ni machine.

Le chargement, et particulièrement celui de fer laminé, peut imposer au compas des déviations dont il importe de savoir tenir compte ; les observations manquent malheureusement, et il est impossible d'en produire des exemples. Mais les principes qui viennent d'être posés ont une généralité qui permet d'en faire par la pensée une application ne laissant aucune incertitude. Si le fer qui compose le chargement est arrimé en amas isolés, comme il pourra arriver, même pour un chargement complet, dans un navire dont le milieu est occupé par l'appareil moteur, l'action magnétique de ces masses sera divisée comme elles ; des pôles de noms contraires combattront leur influence respective, l'aiguille ne sera que faiblement actionnée par les forces dont elle est le plus voisine, et le sens de cette action dépendra de la nature du pôle dominant.

Si le fer qui compose le chargement est réparti dans toute la longueur de l'embarcation et forme une masse continue, comme il pourra arriver dans un navire à voiles, le compas sera nécessairement situé entre les extrémités du chargement comme il est placé entre les extrémités de la coque, et l'action de celle-ci en sera augmentée. Dans ce cas, elle pourra atteindre un haut degré d'intensité, et il sera extrêmement important d'en tenir compte. L'accident arrivé au *Glenorchy*, en décembre 1868, vaisseau en fer chargé de

1,200 tonnes de fer en barres, sorti de la Clyde et échoué dans la baie de Dublin, est un exemple des conséquences fatales auxquelles est exposé un navire par l'influence du magnétisme induit, qu'aucun mode de correction ne pouvait alors compenser.

(Les *Mondes*. — 6e livraison. — 7 octobre 1869.)

DÉVIATION DU NAVIRE *LE TRIDENT*.

On a vu que la déviation due au magnétisme permanent s'exprime par une courbe formée d'ordonnées positives embrassant une demi-évolution et une courbe d'ordonnées négatives pendant l'autre demi-évolution. La déviation due au magnétisme induit, au contraire, change de signe d'un quart de l'évolution à l'autre. Si donc le magnétisme permanent joue le rôle principal dans une déviation, celle-ci s'exprimera par deux courbes ayant des ordonnées de signes contraires et se partageant l'évolution entière. C'est le cas du *Trident*.

Dans ce navire, la nappe qui correspond à la première demi-évolution par l'Est est positive, Pl. VII ; elle est l'expression d'une déviation due à un pôle boréal situé à babord et à l'avant du navire. Cette déviation, qui est d'abord négative, devient promptement positive lorsque les pôles perturbateurs passent par le plan Nord-Sud, et conserve ce sens pendant tout le reste de la première demi-évolution. Elle correspond au second cas de l'Étude générale.

DÉVIATION DUE AU MAGNÉTISME PERMANENT. — Les valeurs de y_0 et de y_1, nécessaires à l'établissement de l'équation générale de la déviation, ne sont pas données numériquement dans les tableaux qui accompagnent l'exemple, et dans lesquels les déviations sont rapportées à des positions déterminées du compas et non à des positions connues du navire ; mais il suffit de tracer la courbe avec des coordonnées de grandes dimensions pour en déduire les valeurs de y_0 et de y_1, prises dans ce sens et pourvues d'une exactitude suffisante. On obtient ainsi les données numériques suivantes :

$$y_0 = 2^0 \quad 00'$$

$$y_1 = 20^0 \; 50',$$

dont les signes algébriques sont déjà introduits dans les formules du deuxième cas, et qui fournissent les valeurs suivantes :

$$tg.\, x_0 = \frac{\sin(90^0 - y_1 - y_0)}{\frac{\sin y_1}{\sin y_0} + \cos(90^0 - y_1 - y_0)} = 0{,}08759;$$

et :

$$x_0 = 5^0 \quad 00';$$

puis :

$$\frac{M}{T} = 0{,}28$$

enfin, pour une valeur quelconque de n^o et par l'expression :

$$tg\, y = \frac{\sin(n - y_0 - x_0)}{\frac{T}{M} - 1 + \cos(n - y_0 - x_0)}$$

qui a servi à calculer les quantités inscrites au tableau suivant et à tracer la courbe correspondante de la planche VII.

Déviations du *Trident*.

n	y	$d - y$	n	y	$d - y$
11° 15′	+ 1° 4′	+ 0° 40′	191° 15′	— 2° 50′	+ 2° 40′
22 30	+ 4 26	+ 1 30	202 30	— 9 53	+ 5 30
33 45	+ 7 32	+ 2 00	213 45	— 15 40	+ 6 30
45	+ 10 37	+ 2 10	225	— 19 48	+ 5 45
56 15	+ 13 31	+ 2 5	236 15	— 22 19	+ 3 40
67 30	+ 16 15	+ 2 00	247 30	— 23 28	+ 1 45
78 45	+ 18 40	+ 1 30	258 45	— 23 30	+ 0 30
90	+ 20 50	0 00	270	— 22 41	0 00
101 15	+ 22 22	— 1 20	281 15	— 21 12	— 1 00
112 30	+ 23 51	— 3 20	292 30	— 19 13	— 2 00
123 45	+ 23 35	— 4 00	303 45	— 16 51	— 2 30
135	+ 22 43	— 5 00	315	— 14 12	— 2 45
146 15	+ 20 34	— 4 50	326 15	— 11 20	— 2 15
157 30	+ 16 50	— 3 45	337 30	— 8 19	— 1 20
168 45	+ 11 26	— 2 00	348 45	— 5 11	— 1 00
180	+ 4 38	0 00	360	— 2 00	0 00

Ces nombres donnent lieu aux remarques suivantes :

La courbe tracée avec les ordonnées prises dans le sens des lignes pleines coupe la courbe des déviations en quatre points. D'abord, à l'extrémité des ordonnées élevées au Nord et à l'Est, puis à l'extrémité des ordonnées élevées au Sud et à l'Ouest. On s'explique le premier cas, puisque ce sont les déviations du Nord et de l'Est qui ont été prises pour ordonnées de la nouvelle courbe et introduites dans l'équation ; quant au second cas, il justifie l'explication et la théorie qui ont été données de ce phénomène. La rencontre dans l'Ouest n'est pas rigoureusement réalisée, mais l'écart est si faible, qu'il n'infirme en rien cette déduction ; il doit être attribué aux défauts de l'observation.

DÉVIATION DUE AU MAGNÉTISME INDUIT. — La part de la déviation due au magnétisme permanent étant faite, celle qui est due au magnétisme induit résulte de la différence entre celle-ci et la déviation totale. A l'aide de courbes tracées sur une échelle convenable, on peut déduire cette différence avec assez d'exactitude et former la colonne du tableau précédent désignée par l'entête *d–y*, c'est-à-dire déviation observée *d* moins la déviation due au magnétisme permanent *y*. Les valeurs sont positives lorsque la première quantité est plus grande que la seconde ; négatives dans le cas contraire. Ce changement de signe se produit alternativement d'un quart de l'évolution à l'autre, ce qui confirme les caractères établis sur la nature de l'action déviatrice du magnétisme induit.

DÉVIATION DU NAVIRE *LE WARRIOR*.

DÉVIATION DUE AU MAGNÉTISME PERMANENT. — Le magnétisme permanent exerce sur ce navire, comme dans le *Trident*, une action dominante; seulement elle est due à des pôles de noms contraires, car elle a des valeurs négatives pendant la première demi-évolution, pl. VIII. Au Nord, elle a déjà pour ordonnées une déviation négative de 7° 45', qui atteint 24° 30' à l'Est; et, puisqu'elle ne change pas de signe dans ce parcours, on doit en conclure que le pôle perturbateur est situé au tribord de l'avant. La formule applicable est donc celle du troisième cas.

Une figure tracée sur une grande échelle permet encore, comme pour le *Trident*, de déduire les valeurs numériques de y_0 et de y_1, qui sont :

$$y_0 = 7^\circ\ 45'$$

$$y_1 = 25\ \ 00.$$

Lesquelles, substituées dans l'expression qui a tenu compte des signes de ces quantités, fournissent la valeur :

$$tg\, x_0 = \frac{\text{Sin}\,(90^0 - y_0 + y_1)}{\frac{\sin y_1}{\sin y_0} - \cos\,(90^0 - y_0 + y_1)} = 0{,}26195;$$

d'où :

$$x_0 = 14^0\ 40' ;$$

puis :

$$\frac{M}{T} = \frac{\sin y_0}{\sin x_0 - \sin y_0} = 0{,}97795$$

enfin, pour une valeur intermédiaire :

$$tg\, y = \frac{\sin\,(n - y_0 + x_0)}{\frac{T}{M} + 1 - \cos\,(n - y_0 + x_0)}$$

avec laquelle expression on calcule les valeurs qui forment la colonne d-y du tableau suivant et celles qui figurent sur la planche VIII. Pour éviter de reporter sur la courbe de la seconde demi-évolution les erreurs qui pourraient provenir des premières valeurs de y_0 et de y_1, on a pris soin, dans cet exemple, de déterminer de nouvelles constantes à l'aide des déviations dans le Sud et dans l'Ouest introduites alors dans les formules du premier cas. Le raccordement parfait des deux courbes montre qu'elles sont bien l'expression des mêmes données.

Déviations du *Warrior*.

n	y	$d - y$	n	y	$d - y$
11° 15′	— 16° 49′	+ 8° 00′	191° 15′	+ 6° 52′	+ 10° 10′
22 30	— 23 38	+ 12 45	202 30	+ 10 20	+ 2 30
33 45	— 27 42	+ 14 20	213 45	+ 13 41	+ 4 30
45	— 29 26	+ 13 00	225	+ 16 53	+ 7 00
56 15	— 29 50	+ 9 30	236 15	+ 19 51	+ 7 30
67 30	— 28 58	+ 6 15	247 30	+ 22 32	+ 6 30
78 45	— 27 14	+ 3 00	258 45	+ 24 48	+ 4 00
90	— 25 00	0 00	270	+ 26 30	0 00
101 15	— 22 09	— 3 00	281 15	+ 26 41	— 5 30
112 30	— 19 15	— 4 00	292 30	+ 27 34	— 10 15
123 45	— 15 56	— 4 18	203 45	+ 26 15	— 15 30
135	— 12 16	— 3 30	315	+ 23 7	— 19 00
146 15	— 8 41	— 2 15	326 15	+ 17 46	— 18 00
157 30	— 5 00	— 1 30	337 30	+ 10 3	— 10 30
168 45	— 0 48	— 0 45	348 45	+ 2 0	— 7 30
180	+ 3 20	0 00	360	— 7 16	0 00

DÉVIATION DUE AU MAGNÉTISME INDUIT. — Les fractions de la déviation totale dues à l'influence du magnétisme induit ressortent encore ici par différence entre la déviation totale et la déviation due au magnétisme permanent. Elles sont alternativement positives et négatives dans chaque quart et confirment encore les bases admises. Le quart N-E est formé de valeurs positives et prouve, par conséquent, que le magnétisme des corps contenus domine celui de la coque.

Enfin, et c'est là une condition défavorable qui montre que la position assignée au compas dans ce navire n'est pas favorable, la déviation due au magnétisme induit dans les deux quarts Nord est plus grande que celle qui est produite par la même cause dans les deux quarts Sud.

La compensation fournie par l'appareil représenté planche X ne pourrait donc pas obtenir l'annulation complète de la différence, et il faudrait l'éloigner des corps contenus.

L'exemple qui vient d'être étudié montre que l'arrière

d'un navire, qui contient des chaudières et machines, est l'endroit le plus convenable pour l'installation du compas. Cependant, dans certains cas particuliers, cet appareil pourra être convenablement placé dans le milieu même de l'espace occupé par les appareils moteurs; c'est celui où ces engins constituent deux groupes semblables et semblablement placés en avant et en arrière d'un point milieu. On comprend, en effet, que ces conditions de distribution du fer dont ces appareils sont composés puissent faire apparaître des déviations semblables, lorsque le navire occupera l'une ou l'autre des positions qui forment les points extrêmes d'une demi-évolution.

DÉVIATION DU NAVIRE *L'IRÈNE*.

L'exemple de la déviation du compas de l'*Irène*, navire à voiles du port de Bordeaux, appartenant à M. J. Bordes, qui a bien voulu produire les renseignements qui vont suivre, met en évidence le signe qui caractérise l'action perturbatrice qui est propre au magnétisme induit de la coque. En outre, comme cette cause joue dans le phénomène de la déviation propre à ce navire un rôle plus puissant que celui qui appartient au magnétisme permanent, la déviation change quatre fois de signe pendant l'évolution. Cet exemple fait ainsi connaître deux caractères importants qui peuvent se produire, et qui n'apparaissent pas dans les exemples donnés par l'amirauté anglaise des déviations du *Trident* et du *Warrior*.

DÉVIATION DUE AU MAGNÉTISME PERMANENT. — Les formules qu'il convient d'employer, lorsque y_0 et y_1 sont tous deux négatifs, sont celles du troisième cas. Ces quantités, qui représentent celles qu'on observerait lorsque le navire est orienté plein Nord et plein Est, ne sont pas données dans cet exemple par les observations recueillies à bord, parce que la méthode d'observation suivie part de positions connues du compas et non du navire. Il a donc été nécessaire, dans cette étude comme dans celles qui précèdent et qui sont faites sur des courbes relevées suivant la même méthode, de déterminer les quantités utiles par une figure tracée avec le soin convenable. On a trouvé :

$$y_0 = 3^\circ\, 45'$$

$$y_1 = 2^\circ\, 15'.$$

De ces quantités on tire la distance de l'origine de la courbe par la formule :

$$tg\, x_0 = \frac{\text{Sin}\,(90^\circ - y_0 + y_1)}{\frac{\text{Sin}\, y_1}{\text{Sin}\, y_0} - \text{Cos}\,(90^\circ - y_0 + y_1)} = 1.74114,$$

et $x_0 = 60^\circ\, 8'$; puis $\frac{M}{T} = 0{,}08157.$

Enfin, pour une valeur quelconque de l'orientation correspondante à n°, on obtient les ordonnées de la déviation due au magnétisme permanent ; ainsi :

$$tg\, y = \frac{\text{Sin}\,(n^\circ - y_0 + x_0)}{\frac{T}{M} + 1 - \text{Cos}\,(n^\circ - y_0 + x_0)}$$

avec laquelle on calcule les ordonnées de la seconde colonne du tableau suivant, répétées d'ailleurs sur la planche IX.

Déviations de l'*Irène*.

n	y	$d-y$	n	y	$d-y$
° '	° '	° '	° '	° '	° '
11 15	— 4 4	— 1 30	191 15	+ 3 55	— 2 30
22 30	— 4 17	— 3 00	202 30	+ 4 07	— 5 15
33 45	— 4 19	— 4 30	213 45	+ 4 19	— 7 45
45	— 4 9	— 5 30	225	+ 4 18	— 9 00
56 15	— 3 54	— 6 30	236 15	+ 4 06	— 9 30
67 30	— 3 26	— 4 00	247 30	+ 3 47	— 8 00
78 45	— 2 52	— 2 15	258 45	+ 3 43	— 6 30
90	— 2 15	0 00	270	+ 2 38	— 3 30
101 15	— 1 37	+ 2 00	281 15	+ 1 51	— 0 45
112 30	— 0 46	+ 4 30	292 30	+ 0 59	+ 1 30
123 45	+ 0 1	+ 6 15	393 45	— 0 05	+ 4 15
135	+ 0 47	+ 7 30	315	— 0 49	+ 6 00
146 15	+ 1 33	+ 8 15	326 15	— 1 41	+ 5 30
157 30	+ 2 16	+ 6 20	337 30	— 2 32	+ 3 45
168 45	+ 2 51	+ 4 30	348 45	— 3 26	+ 2 00
180	+ 3 27	+ 0 45	360	— 3 45	0 00

La courbe tracée avec les ordonnées de la déviation due au magnétisme permanent doit rencontrer la courbe des déviations observées dans tous les points où le magnétisme induit a des valeurs nulles; c'est-à-dire au Nord, à l'Est, au Sud et à l'Ouest.

Cette condition est satisfaite pour les trois premiers points, et si elle ne l'est pas pour le quatrième, on reconnaît à l'examen de la courbe qu'il faut l'attribuer à une influence indépendante du navire *l'Irène* et tout à fait accidentelle. C'est-à-dire que si l'opération faite pour le levé de la courbe des déviations était recommencée dans un autre lieu, avec un autre voisinage ou avec un autre compas, l'irrégularité en question ne se reproduirait pas.

DÉVIATION DUE AU MAGNÉTISME INDUIT. — La différence entre la déviation observée et la déviation due au magnétisme permanent, calculée comme il vient d'être fait, représente la déviation due au magnétisme induit. Elle a été déterminée par une figure tracée avec le soin nécessaire, et elle a fourni les valeurs de la colonne $d - y$ du tableau ou les ordonnées de la courbe dans la figure spéciale de la planche IX. Les valeurs du premier quart, celui du Nord-Est, sont négatives, ainsi qu'il devait arriver sous l'influence de l'action déviatrice du magnétisme d'induction de la coque.

Un autre exemple, tiré du navire *le Maïpu*, lequel appartient aussi à M. J. Bordes, confirme encore cette déduction théorique et lui donne toute la solidité d'un fait ne pouvant laisser aucun doute.

APPAREIL COMPENSATEUR

SON BUT ET SES CONDITIONS GÉNÉRALES. — L'appareil compensateur doit annuler, sur le compas, les influences de l'aimantation permanente du navire et de l'aimantation d'induction, sans qu'il soit nécessaire de recourir à aucun autre moyen que la lecture de ses indications, pour avoir la connaissance de l'orientation magnétique. Il doit être établi dans des proportions assez réduites pour trouver place sur les ponts les plus encombrés.

DESCRIPTION. — Considéré extérieurement, pl. X, il se compose d'une caisse EE, surmontée d'une lanterne LL couvrant le compas et l'éclairant durant la nuit; sur le devant, et sous la main de l'observateur, est placé un volant manette V, qui permet de régler la position des parties mobiles de l'appareil; enfin, sur la caisse et en avant de la lanterne, est un appareil répétiteur 1, dont la pièce principale est un cadran en cuivre divisé comme la rose du compas.

A l'intérieur, l'appareil proprement dit se compose d'un support en bronze SS boulonné sur le pont, portant le compas à une hauteur convenable pour en faciliter la lecture, et présentant à son action les organes de la compensation.

COMPENSATION DU MAGNÉTISME PERMANENT. — La compensation

des déviations dues au magnétisme permanent est faite par deux aimants permanents fixes AA' et par un aimant mobile *a*.

AIMANTS FIXES. — Les premiers sont établis dans le pied de l'instrument ; ils sont formés de deux faisceaux de fils d'acier trempé aimanté.

L'un des faisceaux A est parallèle à l'axe du navire, l'autre A' est placé perpendiculairement au premier, et tous deux rencontrent la ligne verticale abaissée du pivot de l'aiguille. La puissance de ces deux aimants résulte du nombre de fils d'acier dont se compose chaque faisceau ; on peut au besoin la modifier d'une très-faible quantité par un déplacement des faisceaux eux-mêmes, qui se meuvent à cet effet dans des coulisses verticales.

Cette disposition des aimants fixes permet de faire leur règlement exact dans une seule opération ; car, pendant qu'on opère sur l'un d'eux, qui est perpendiculaire à l'aiguille, l'autre, qui est compris dans le plan vertical de celle-ci, n'exerce sur elle aucune action. Cette disposition nouvelle permet d'opérer la compensation par une manœuvre n'exigeant que deux stations dans un seul quart de l'évolution.

AIMANT ROTATIF. — L'aimant mobile ou rotatif complète l'action compensatrice des aimants fixes ; il se compose d'un seul aimant ou faisceau d'aimants permanents, *a*, tournant avec l'axe auquel il est lié et présentant à proximité du compas celui de ses pôles qui doit concourir au résultat à produire.

Le mouvement est communiqué de l'extérieur à cet aimant par l'intermédiaire de roues d'angle R, R', R'', et il exécute deux révolutions complètes, pendant que le navire fait une évolution.

La direction de son axe de rotation est celle du plan vertical qui contient les pôles perturbateurs, et se trouve indiquée par le point de croisement I, de la courbe des déviations du magnétisme permanent, avec l'axe des x de la courbe propre à chaque navire. Sa position est verticale toutes les fois qu'il passe dans le Nord, l'Est, le Sud et l'Ouest. Dans l'Est et dans l'Ouest, il ajoute aux aimants permanents fixes le complément de puissance qui leur manque; dans le Nord et dans le Sud, c'est-à-dire dans le plan de l'aiguille, son bras de levier est nul et son action l'est aussi.

Sa longueur est calculée et sa position sur l'axe de rotation est déterminée de manière à ce que la compensation complémentaire, qu'il est nécessaire d'ajouter à l'action des aimants fixes, soit exactement produite en chaque point de l'évolution ; c'est-à-dire que cette longueur est partagée en parties inégales par l'axe de rotation. Lorsque l'axe passe dans le Nord et dans le Sud, l'aimant présente en haut sa plus grande longueur, et lorsqu'il passe dans l'Est et dans l'Ouest, elle se présente au contraire en bas.

Ces dispositions sont d'ailleurs communes à tous les appareils; elles sont réglées d'avance par la construction, et ne sont mentionnées ici que pour signaler tous les points importants de la disposition. Les dimensions de cet aimant rotatif figurant dans tous les appareils sont les suivantes :

Petit rayon d'un pôle magnétique. . .	0,055
Grand rayon de l'autre pôle.	0,165
Longueur totale entre les pôles. . . .	0,220
Longueur totale extérieure.	0,250

Le tracé géométrique, dont les figures 1re et 2me de la planche VI donnent des exemples, montre que les moments des forces magnétiques de l'aimant rotatif fournissent des valeurs qui complètent exactement l'action des aimants fixes sur l'aiguille.

On trouvera plus loin une table des angles et de leurs tangentes; les forces étant, comme on sait, proportionnelles aux tangentes des déviations qu'elles produisent, et non aux angles de ces déviations, il est nécessaire de pouvoir se reporter des uns aux autres.

DU RAPPORT VARIABLE ENTRE LES COMPOSANTES DE LA FORCE COMPENSATRICE. — Le plan des pôles perturbateurs ne coïncide généralement pas avec le plan longitudinal, ni avec le plan transversal du navire, et par conséquent la déviation n'atteint ni son minimum ni son maximum dans ces orientations ; d'autre part, les intensités des moments compensateurs ont un rapport variable avec l'orientation dans laquelle on les considère : il sera donc nécessaire de tenir compte de ces conditions lors du règlement et de donner à chacun des éléments la proportion qui lui convient. Le tableau suivant suffit pour guider dans cette répartition.

TABLEAU de la proportionnalité entre l'aimant mobile et la résultante des aimants fixes, considérés en divers orientations.

DEGRÉS.	MOMENTS de la FORCE pertubatrice M.	MOMENTS de la COMPENSATION fixe.	MOMENTS de la COMPENSATION mobile.
0° 00'	0,000	0,000	0,000
22 30	0,378	0,198	0,180
45 00	0,707	0,362	0,345
67 30	0,922	0,465	0,457
90 00	1,000	0,500	0,500

Exemple : Dans le *Warrior* les pôles perturbateurs sont contenus dans un plan qui fait un angle N 12° 15' E, lorsque le navire est dans le Nord; par conséquent ce plan passe par l'Est avant le navire, et arrive dans le Sud 77° 45' Est lorsque celui-ci atteint l'Est; c'est donc dans le rapport correspondant de 0,490 à 0,488, ou mieux de 0,501 à 0,449, fourni par deux ordonnées élevées sur la base de la figure 2, planche I, à l'abcisse 77° 45', qu'il conviendra de proportionner les deux parties constituantes de la compensation. La déviation totale dans l'Est étant de 25° dont la tangente = 0,46631, on devra en compenser une fraction correspondante à

$$0{,}46631 \times 0{,}499 = 0{,}22848$$

dont l'angle est de 12° 52', par l'aimant rotatif et le surplus par les aimants fixes.

Pour peu qu'on étudie les déviations observées et publiées dans les ouvrages qui se sont occupés de la question, on reconnaît que les valeurs dans l'Est sont numériquement plus grandes que les valeurs dans le Nord, et on en conclut que la répartition à faire entre les actions compensatrices sera réglée avec plus de précision dans cette orientation que dans celle du Nord. Il faudra donc généralement commencer la régulation à bord par la station dans l'Est.

Les opérations qui précèdent n'ont exigé d'autre évolution que celle qui a été nécessaire pour amener le navire dans deux positions rectangulaires consécutives, dans l'Est et dans le Nord par exemple; il ne reste plus à régler que la compensation du magnétisme d'induction. Il suffira pour cela de ramener le navire dans la position intermédiaire N 45° E.

COMPENSATION DU MAGNÉTISME D'INDUCTION. — Le magnétisme d'induction du navire est compensé par l'action de deux faisceaux de fer doux BB placés de chaque côté du compas, convenablement proportionnés et tournant dans un sens qui dépend de la nature positive ou négative de la déviation à corriger. Si c'est le magnétisme induit de la coque qui domine, et ce sera toujours le cas dans un navire ne contenant pas de machine, les faisceaux seront montés comme l'indiquent les figures 1 et 2 de la planche X. Si ce sont les corps contenus qui produisent la déviation due à l'induction, c'est-à-dire si celle-ci est positive, ces faisceaux seront montés comme l'indique la figure 3, c'est-à-dire qu'ils seront fixes sur le bâti et tourneront avec le navire.

Le premier cas est commandé par une déviation négative due à l'induction dans le premier quart N E de l'évolution; le second correspond à une déviation positive dont le sens peut être déterminé, comme on l'a vu, par le calcul d'une seule valeur de y ou ordonnée du magnétisme permanent et par sa comparaison avec la déviation totale en ce point.

Exemple : Dans le *Warrior*, la déviation est positive dans le premier quart, puisqu'elle diminue l'intensité numérique de la déviation négative due au magnétisme permanent; elle doit donc être attribuée à la prédominance du magnétisme des corps contenus. En conséquence, l'appareil devra être réglé en faisant emploi de l'organe représenté dans la figure 3, qui fixe le compensateur en fer doux sur le pied de l'instrument.

USAGE DE L'APPAREIL. — Le compensateur ayant été réglé une fois pour toutes, lors de sa mise à bord, sur les données de trois déviations relevées dans un quart d'évolution, voici comment on fait usage de l'appareil.

1° Si le compas doit indiquer la marche à suivre, on amènera le cadran du répétiteur dans cette direction, puis on gouvernera le navire jusqu'à ce que le compas fournisse la même indication que le répétiteur.

2° Si le compas doit faire connaître la route suivie, on amènera le cadran du répétiteur dans la même orientation que la rose du compas; ce dernier se déplacera aussitôt par l'influence du compensateur, et on le suivra dans son mouvement de déplacement jusqu'à ce que le répétiteur et le compas n'indiquent plus tous deux qu'une seule et même direction : ce sera celle de la marche suivie par le navire.

En résumé, le compas fournira des indications exactes dans toutes les orientations et dans toutes les latitudes, à la seule condition que le cadran du répétiteur soit orienté comme la rose du compas.

TABLEAU DES ANGLES ET DE LEURS TANGENTES ENTRE 0° ET 90°.

DEGRÉS.	TANGENTES.	DEGRÉS.	TANGENTES.	DEGRÉS.	TANGENTES.	DEGRÉS.	TANGENTES.	DEGRÉS.	TANGENTES.
1	0,01745	19	0,34433	37	0,75355	55	1,42815	73	3,27085
2	0,03492	20	0,36397	38	0,78129	56	1,48256	74	3,48741
3	0,05241	21	0,38386	39	0,80978	57	1,53986	75	3,73205
4	0,06993	22	0,40103	40	0,83910	58	1,60033	76	4,01078
5	0,08749	23	0,42447	41	0,86929	59	1,66428	77	4,33148
6	0,10510	24	0,44523	42	0,90040	60	1,73205	78	4,70463
7	0,12278	25	0,46631	43	0,93252	61	1,80405	79	5,14455
8	0,14054	26	0,48773	44	0,96569	62	1,88073	80	5,67128
9	0,15838	27	0,50953	45	1,00000	63	1,96261	81	6,31375
10	0,17633	28	0,53171	46	1,03553	64	2,05030	82	7,11537
11	0,19438	29	0,55431	47	1,07237	65	2,14451	83	8,14435
12	0,21256	30	0,57735	48	1,11061	66	2,24604	84	9,51436
13	0,23087	31	0,60086	49	1,15037	67	2,35585	85	11.43005
14	0,24933	32	0,62487	50	1,19175	68	2,47509	86	14,30068
15	0,26795	33	0,64941	51	1,23490	69	2,60509	87	19,08114
16	0,28675	34	0,67451	52	1,27994	60	2,74748	88	28,63675
17	0,30573	35	0,70021	53	1,32704	71	2,90421	89	57.28996
18	0,32492	36	0,72654	54	1,37638	72	3,07768	90	∞

DU COMPAS

INFLUENCE DE LA LONGUEUR MAGNÉTIQUE DE L'AIGUILLE DU COMPAS. — Toute aiguille d'un même rayon magnétique éprouve des déviations identiques sous les mêmes influences perturbatrices; par conséquent, toute aiguille de compas peut être remplacée par une autre aiguille absolument équivalente dans ses indications, si cette aiguille de rechange a un rayon magnétique égal à celui de l'aiguille à remplacer.

En effet :

Si on considère une aiguille *ab*, soumise à l'action d'un pôle magnétique perturbateur *m*, indépendant de ceux I de la terre, et que pour simplifier les hypothèses on peut supposer être placé sur une perpendiculaire *om* à la ligne NS;

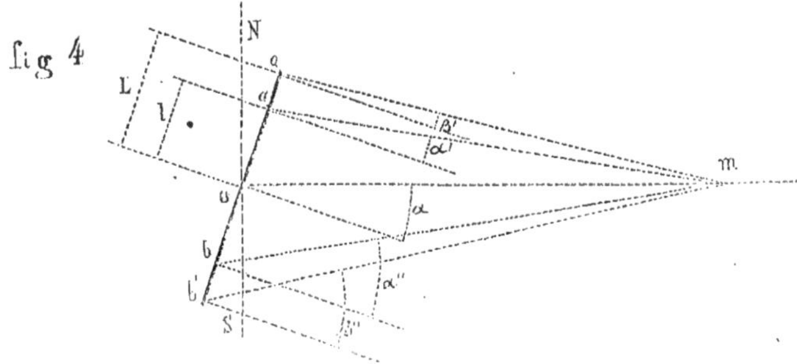

si on admet que cette aiguille se tient en équilibre sous l'angle α, on est autorisé à poser l'équation :

$$2 \times \mathrm{I} \cos \alpha l = l \frac{m}{d'^2} \cos \alpha' + l \frac{m}{d''^2} \cos \alpha''.$$

Une autre aiguille de longueur L, dont les pôles seraient en $a'b'$, conduirait à une expression semblable si elle pouvait être en équilibre sous le même angle α; on aurait donc :

$$2 \times 1 \cos \alpha \mathrm{L} = \mathrm{L} \frac{m}{f'^2} \cos \beta' + \mathrm{L} \frac{m}{f''^2} \cos \beta''.$$

Divisant ces deux équations respectivement par les longueurs l et L, puis ensuite l'une par l'autre, on arrive à l'expression :

$$1 = \frac{> \frac{\cos \alpha'}{d'^2} + \frac{\cos \alpha''}{d''^2}}{< \frac{\cos \beta'}{f'^2} \quad \frac{\cos \beta''}{f''^2}}.$$

Si on remplace les valeurs trigonométriques par leurs rapports, on simplifie l'expression.

On remarque, en effet, que :

$$\cos \alpha' = \frac{\mathrm{K}}{d'} \qquad \text{et } \cos \alpha'' = \frac{\mathrm{K}}{d''}$$

et que

$$\cos \beta' = \frac{\mathrm{K}}{f'} \qquad \text{et } \cos \beta'' = \frac{\mathrm{K}}{f''}$$

et ces valeurs substituées dans la formule la réduisent à la forme :

$$1 = \frac{> \frac{1}{d'^3} + \frac{1}{d''^3}}{< \frac{1}{f'^3} + \frac{1}{f''^3}}.$$

Or, le simple aspect, et le calcul au besoin, font voir que cette expression sera plus grande que l'unité ; donc l'aiguille ne pourra conserver son état d'équilibre sous l'angle α qu'à la condition d'avoir un rayon magnétique de longueur l, mais cette seule condition suffit.

MESURE DE LA LONGUEUR MAGNÉTIQUE D'UNE AIGUILLE. — Un moyen pratique de comparer les rayons magnétiques de deux aiguilles consiste à les présenter successivement à une autre aiguille en les tenant horizontalement et de l'Est à l'Ouest. Si l'aiguille d'observation était dérangée de sa position naturelle, on l'y ramènerait par un déplacement convenable de l'aiguille expérimentée ; on mesure alors la distance comprise entre le plan vertical de l'aiguille d'observation et le centre de suspension de l'aiguille étudiée. Deux aiguilles qui donneront le même résultat auront le même rayon magnétique et pourront être substituées l'une à l'autre.

DE LA FORME DES AIGUILLES. — Pour obtenir facilement des aiguilles ayant le même rayon magnétique, il suffit de les construire avec des lames ayant la forme prismatique. Ce mode est d'ailleurs le plus simple et le plus économique. On coupe des lames dans du ruban d'acier, on les superpose en formant deux faisceaux qu'on écarte seulement de l'espace nécessaire pour interposer la chape en pierre dure qui repose sur le pivot. Rien ne limite le nombre des lames à employer que le poids de l'ensemble qui tend à émousser le pivot.

POSITION DES PÔLES MAGNÉTIQUES DANS LES CORPS PRISMATIQUES. — Les pôles magnétiques dus à l'induction, et qu'on constate dans le fer doux, sont mobiles et apparaissent en des points différents, suivant que la base est tenue dans une position plus ou moins voisine de l'inclinaison. Mais les pôles magnétiques que l'aimantation développe dans l'acier trempé, et qui sont fixes dans leur intensité, paraissent aussi être fixes dans leur situation. Des observations nombreuses, faites sur des barreaux d'acier de sections diverses et de longueurs comprises entre dix centimètres et trois mètres, ont montré qu'ils sont placés, dans chaque extrémité, à six centièmes de la longueur totale. Les aimants artificiels qui ont fourni ces résultats ont reçu la puissante aimantation qu'on peut obtenir par l'emploi des machines magneto-électriques de la Compagnie *l'Alliance*, mises en œuvre à cet effet par les soins obligeants de M. Van Malderen.

TABLE DES MATIÈRES

INTRODUCTION.

ACTION
du magnétisme permanent sur l'aiguille aimantée.

ACTION
du magnétisme induit sur l'aiguille aimantée.

APPLICATIONS
des théories précédentes.

APPAREIL COMPENSATEUR.

DU COMPAS.

Paris. — Imprimerie VIÉVILLE et CAPIOMONT, 6, rue des Poitevins.

PL. 1.

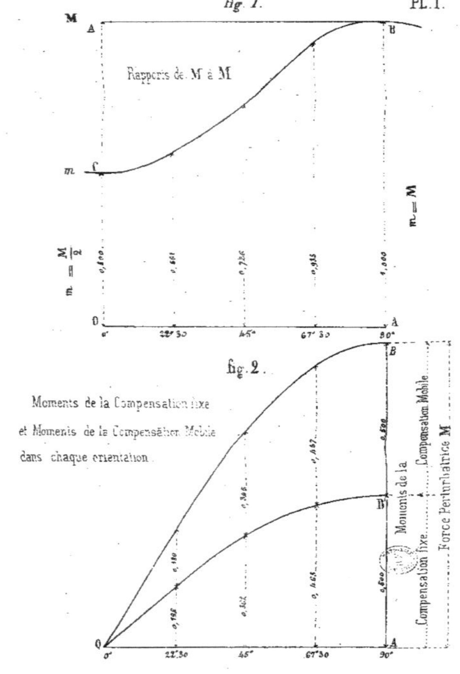

fig. 1.
M
A
B
Rapports de M' à M
m
C
$m = \frac{M}{2}$
$m = M$
0,500
0,661
0,726
0,935
1,000
0
A
0°
22°30
45°
67°30
90°
fig. 2.
Moments de la Compensation fixe
et Moments de la Compensation Mobile
dans chaque orientation.
0,198
0,180
0,302
0,306
0,463
0,467
0,500
0,500
B
B'
A
Moments de la
Compensation fixe
Compensation Mobile
Force Perturbatrice M

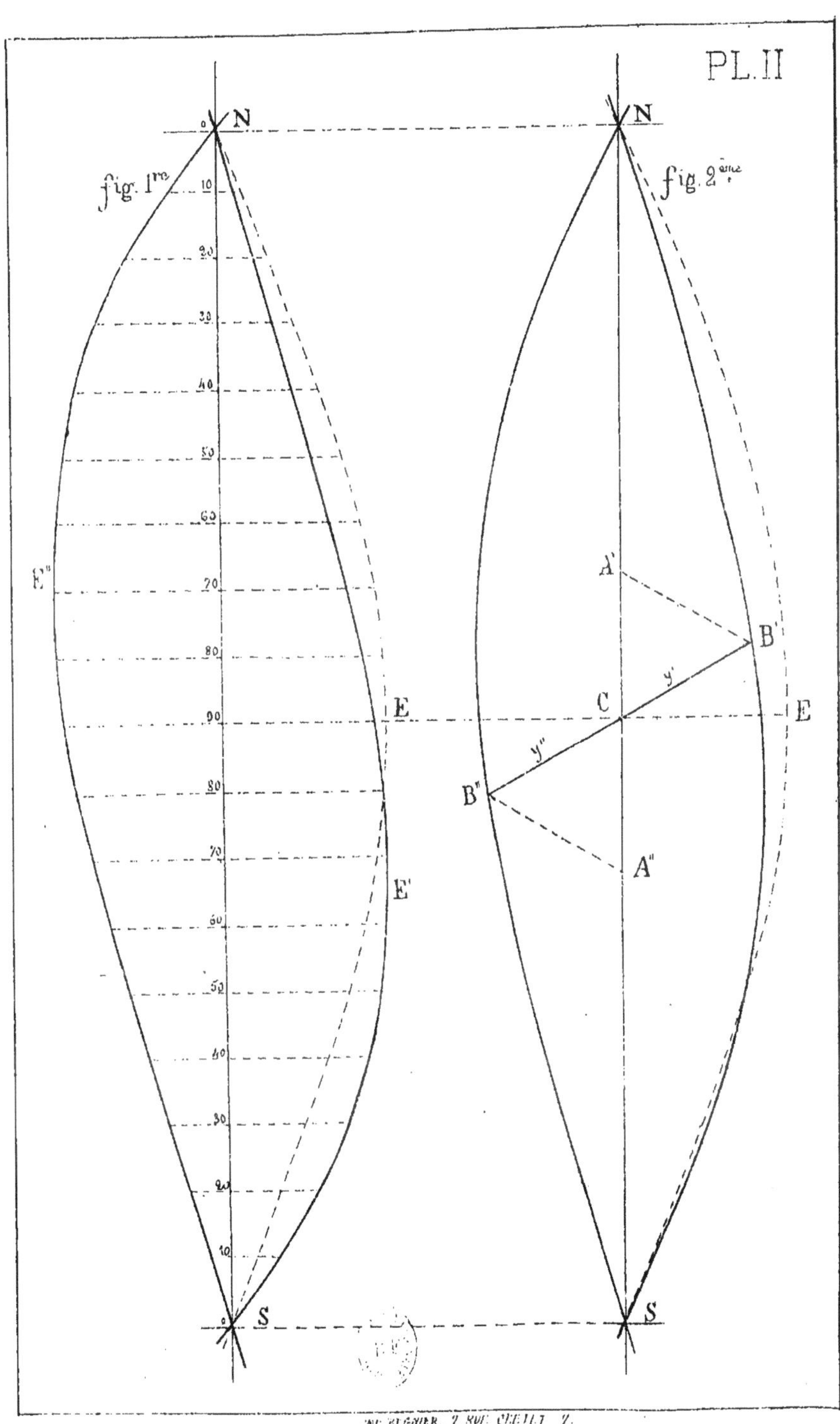
PL. II
N
fig. 1re
0
10
20
30
40
50
60
70
80
90
80
70
60
50
40
30
20
10
0
E''
E
E'
S
N
fig. 2ème
A'
B'
y'
C
E
y''
B''
A''
S

Pl. III

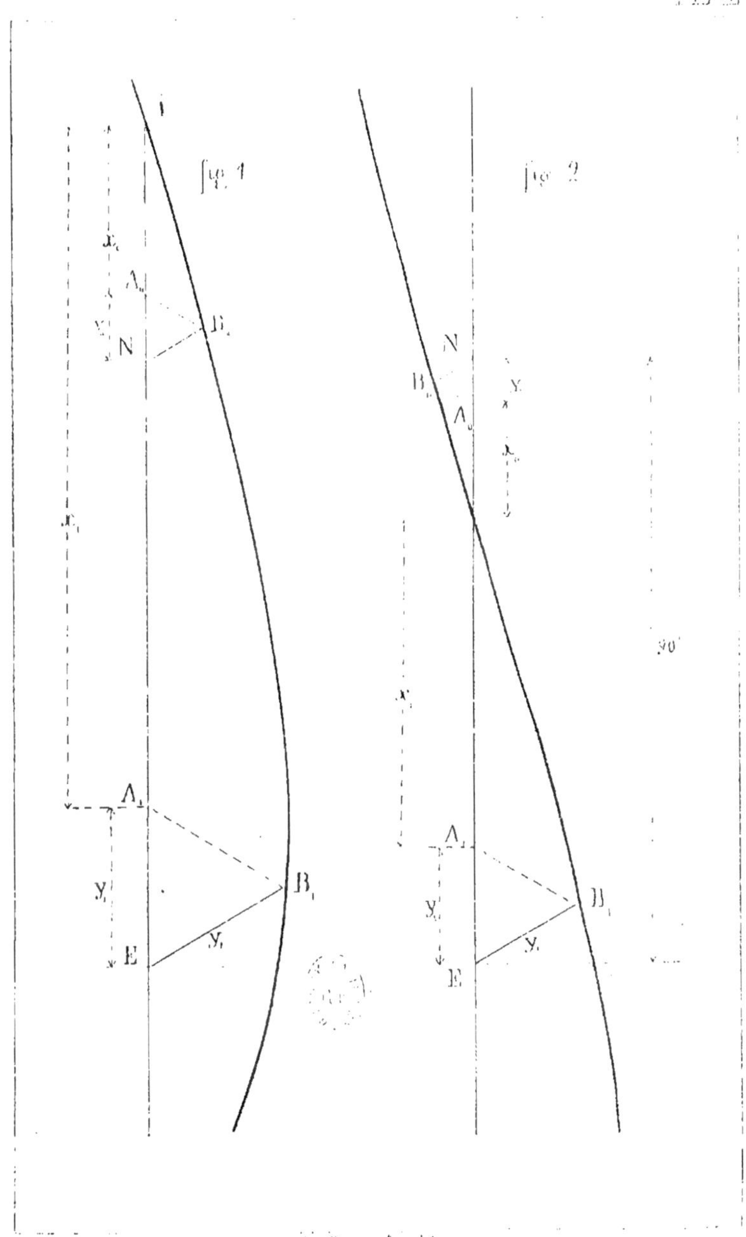

PL. IV.

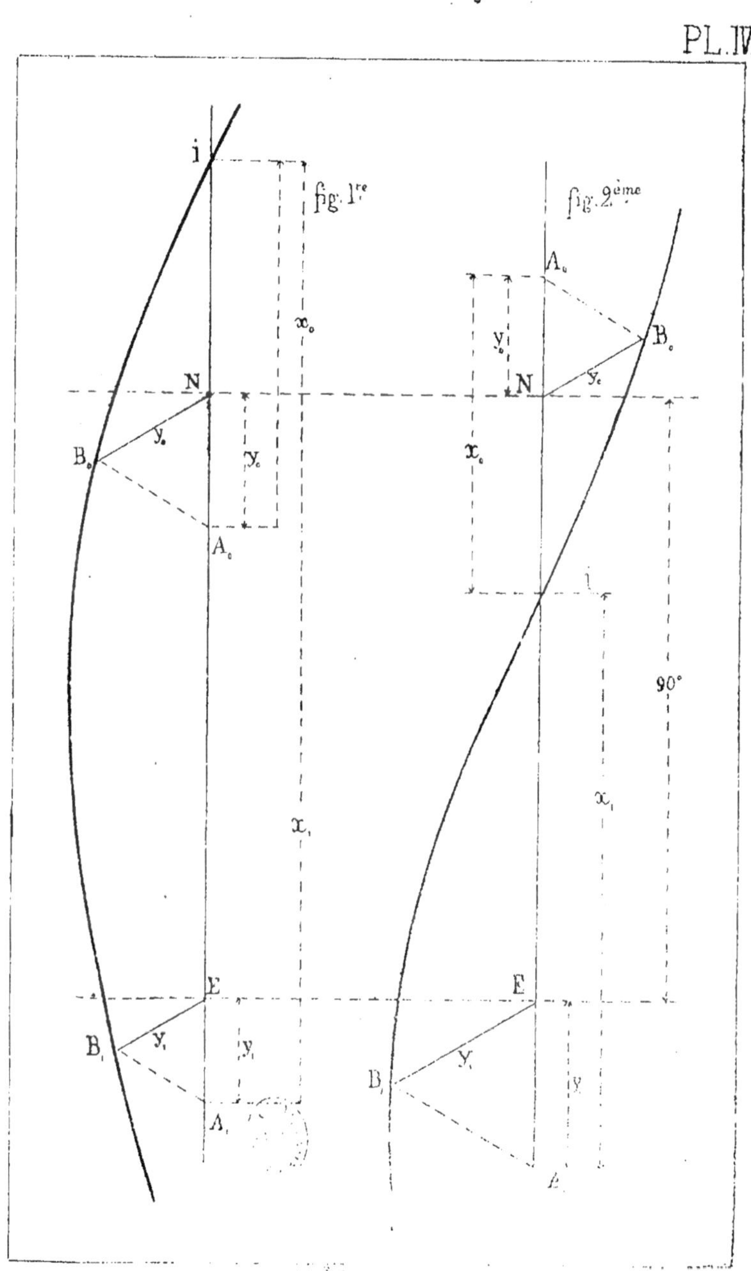

ACTION VARIABLE DE L'AIMANT ROTATIF EXCENTRÉ.

Fig. 1.

Au 1/4 de l'Evolution.

Fig. 2.

Au 1/8 de l'Evolution.

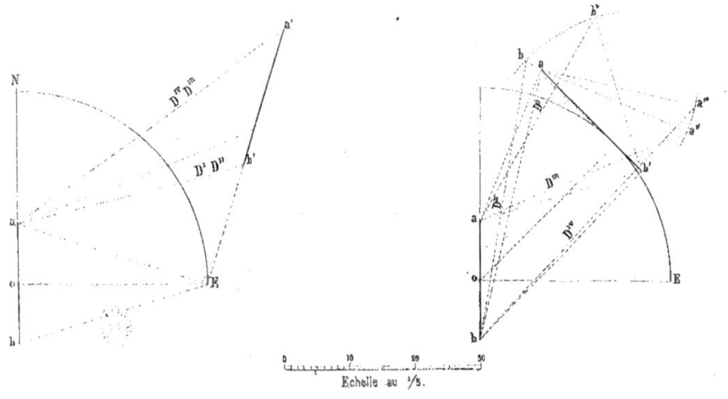

Imp. J. Regnier P. r Crebt.

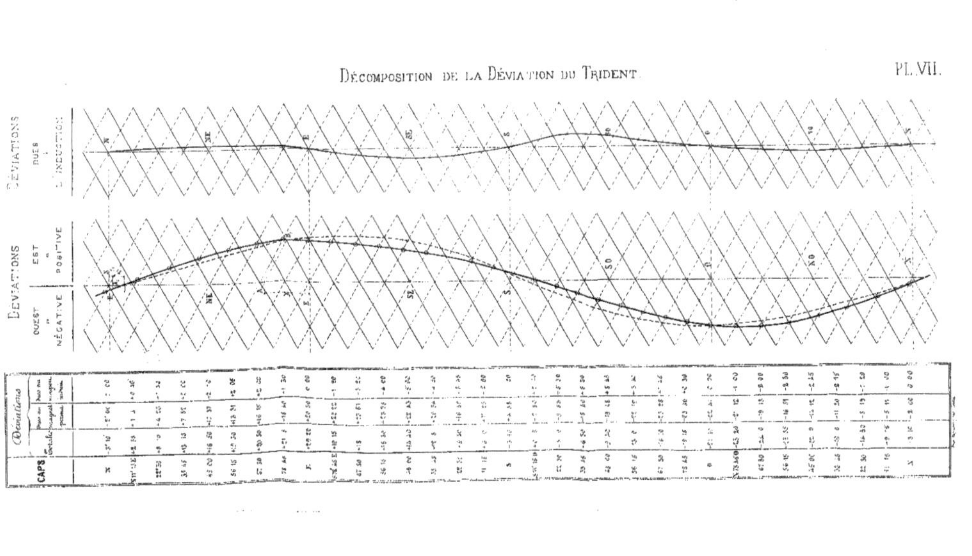
Décomposition de la Déviation du Trident.
Pl. VII.
Déviations dues à l'induction
Déviations
Ouest ou négative
Est ou positive
N
NE
E
SE
S
SO
O
NO
CAPS
Déviations

Décomposition de la Déviation du Warrior.

Pl. VIII.

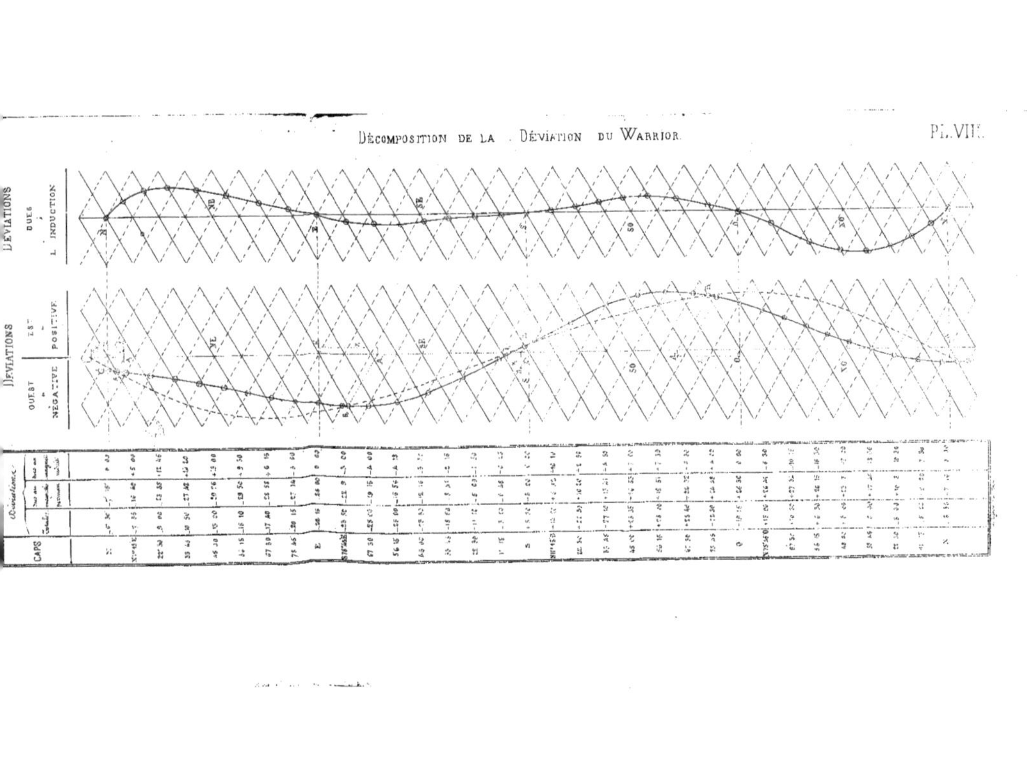

Caps	Déviations totales	Dues au magnétisme permanent	Dues au magnétisme induit
N	-5 30	-5 35	[illegible]
N 11°15 E	-7 55	[illegible]	+5 00
22 30	-9 00	-23 35	+13 45
33 45	-10 30	-27 42	[illegible]
45 00	-15 00	-29 26	+13 00
56 15	-16 10	-29 50	+9 50
67 30	-17 40	-25 55	+6 15
78 45	-20 15	-27 14	[illegible]
E	-26 15	-26 00	[illegible]
S 78°45 E	-25 50	-22 9	-3 00
67 30	-25 00	-19 15	-4 00
56 15	-25 00	-16 56	[illegible]
45 00	[illegible]	[illegible]	[illegible]
33 45	[illegible]	[illegible]	[illegible]
22 30	[illegible]	[illegible]	[illegible]
11 15	[illegible]	[illegible]	[illegible]
S	[illegible]	[illegible]	[illegible]
S 11°15 O	[illegible]	[illegible]	[illegible]
22 30	[illegible]	[illegible]	[illegible]
33 45	[illegible]	[illegible]	[illegible]
45 00	[illegible]	[illegible]	[illegible]
56 15	[illegible]	[illegible]	[illegible]
67 30	[illegible]	[illegible]	[illegible]
78 45	[illegible]	[illegible]	[illegible]
O	[illegible]	[illegible]	[illegible]
N 78°45 O	[illegible]	[illegible]	[illegible]
67 30	[illegible]	[illegible]	[illegible]
56 15	[illegible]	[illegible]	[illegible]
45 00	[illegible]	[illegible]	[illegible]
33 45	[illegible]	[illegible]	[illegible]
22 30	[illegible]	[illegible]	[illegible]
11 15	[illegible]	[illegible]	[illegible]
N	[illegible]	[illegible]	[illegible]

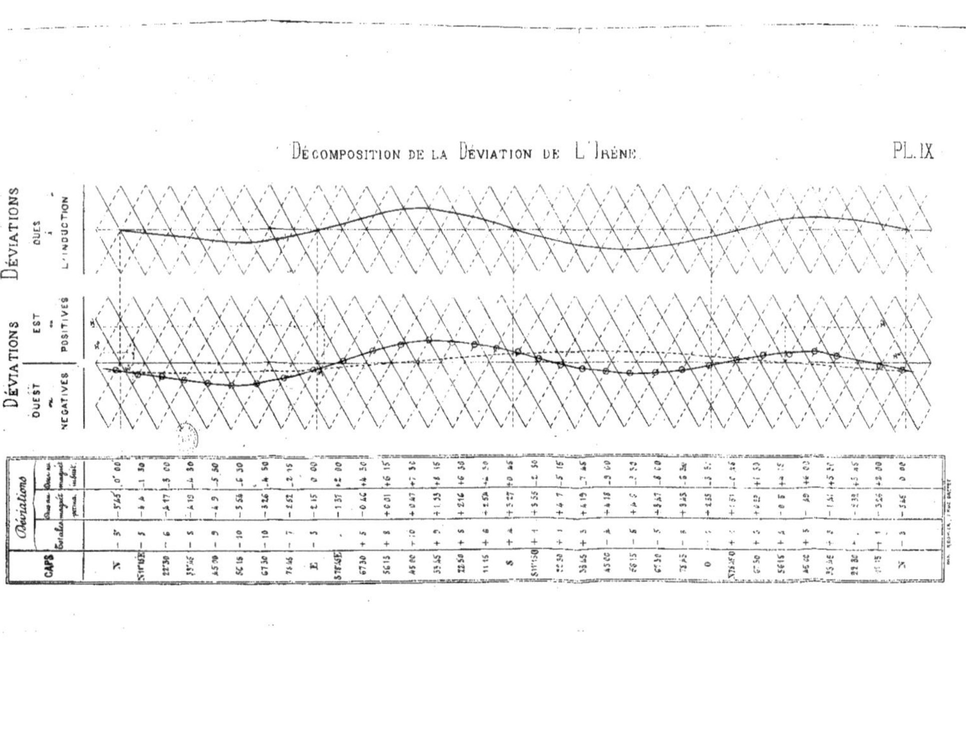

Caps	Déviations totales	Dues au magnét. perma.	Dues au magnét. induit.
N	− 5°	− 5° 45'	0° 00
N 11° 15' E	− 5	− 4 4	− 1 30
22° 30	− 6	− 4 17	− 3 00
33° 45	− 5	− 4 19	− 4 30
45 00	− 9	− 4 9	− 5 30
56 15	− 10	− 3 56	− 6 30
67 30	− 10	− 3 26	− 4 50
78 45	− 7	− 2 52	− 2 15
E	− 5	− 2 15	0 00
S 78° 45 E	.	− 1 37	+ 2 00
67 30	+ 5	− 0 46	+ 4 30
56 15	+ 8	+ 0 01	+ 6 15
45 00	+ 10	+ 0 47	+ 7 30
33 45	+ 9	+ 1 33	+ 8 15
22 30	+ 5	+ 2 16	+ 6 30
11 15	+ 6	+ 2 54	+ 4 50
S	+ 4	+ 3 27	+ 0 45
S 11° 15 O	+ 4	+ 3 55	− 2 30
22 30	+ 1	+ 4 7	− 5 15
33 45	+ 3	+ 4 19	− 7 45
45 00	− 4	+ 4 18	− 9 00
56 15	− 5	+ 4 5	− 7 59
67 30	− 5	+ 3 47	− 8 00
78 45	− 6	+ 3 45	− 6 30
O	[illegible]	+ 2 33	− 3 5
N 78° 45 O	+ [illegible]	+ 1 51	− 2 45
67 30	+ 3	+ 0 52	+ 1 30
56 15	+ 5	− 0 5	+ 4 15
45 00	+ 5	− 49	+ 6 00
33 45	+ 5	− 1 41	+ 5 32
22 30	+ .	− 2 38	+ 5 45
11 15	+ 1	− 3 26	+ 2 00
N	− 3	− 3 45	0 00

COMPENSATEUR.

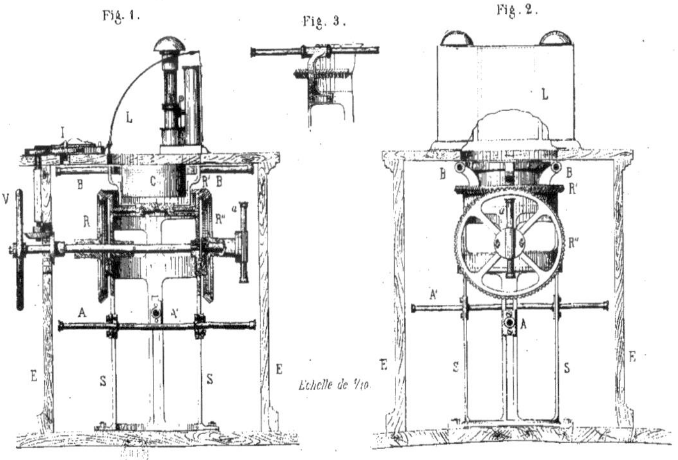

Imp. J. Regnier, Rue Cretet, 7, Paris.

Paul Bachelay, Autо.

www.ingramcontent.com/pod-product-compliance
Ingram Content Group UK Ltd.
Pitfield, Milton Keynes, MK11 3LW, UK
UKHW012055240726
13965UKWH00004B/1314

9 782013 031417